AF561981

Vorwort		7
Prolog	„Ach ne, schon wieder?“	9
1. Kapitel	Schlecht eingestellt	13
2. Kapitel	Erzähl mir doch nix!	23
3. Kapitel	Und was hab ich davon?	33
4. Kapitel	Neben der Spur	41
5. Kapitel	Bungee Jumping reicht nicht!	49
6. Kapitel	Jetzt isch fertig!	57
7. Kapitel	Ist mir zu teuer!	65
8. Kapitel	Nach mir die Sintflut!	73
9. Kapitel	Spieglein, Spieglein ...	81
10. Kapitel	Da bin ich dabei!	89
Epilog	„Oh ja! Schon wieder!“	97
Danksagung		103
Über die Autorin		107

VORWORT

Auf mein erstes Buch „Ich kann nur gewinnen!“ habe ich viele schöne und spannende Feedbacks bekommen, die mich motivierten, meine Gedanken in einem zweiten Buch zu vertiefen.

Und nun ist es da: „Endlich alt genug.“ Ich bin unglaublich stolz und dankbar, dir mein Buch überreichen zu dürfen. Mein Wunsch ist, dass du dich in einer meiner Geschichten oder Gedanken wiederfindest, dass du den für dich passenden Impuls, dein eigenes Bild, daraus mitnimmst. Das Buch ist kein Ratgeber, es ist nicht wissenschaftlich ergründet. Es ist meine Meinung, meine Geschichte, es sind meine Erlebnisse und Erfahrungen und deshalb ist es echt und ehrlich und mitten aus dem Leben.

Endlich alt genug. Ja, für was denn? Das erfährst du in den nächsten Stunden. Beim Lesen meines Buchs verbringst du Zeit mit dir selbst, reflektierst dich und gehst neuen Denkanstössen nach. Diese Zeit ist wichtig, nimm sie dir. Um herauszufinden, was du wirklich vom Leben willst.

Nun wünsche ich dir ganz viel Spass und Freude
Herzliche Grüsse

PROLOG:

„Ach ne, schon wieder?“

KAPITEL 1:

Schlecht eingestellt

Mit grossen Augen sah mich der Mitarbeiter an. Ich erwiderte den Blick, leicht skeptisch: „Wieso kommst du jetzt damit?“ Einen Tag zuvor hatte ich mich vor meiner Firma geoutet, all den Jungs in ihren orangenen Overalls gesagt, dass aus Werner Petra geworden war. Jetzt stand einer von ihnen vor mir und verlangte eine Lohnerhöhung. „Na ja, du bist ja jetzt eine Frau. Und Frauen sind viel netter.“

Früher hätte ich bei so einer Forderung drumherum geredet. Mich mit der Antwort schwergetan. „Ja, ich weiss, dass du deine Arbeit gut machst.“, „Ich bespreche das mit deinem Teamleiter.“, „Komm´ nochmal in einer Woche auf mich zu.“ – alles, um meinen Mitarbeiter nicht zu verärgern. Früher redete ich um den heissen Brei, um gut dazustehen. Der nette Geschäftsführer Werner.

Jetzt, als Petra, immer noch Geschäftsführerin, fiel mir die Antwort leicht: „Okay, pass auf, du weisst ja, wie das bei uns läuft. Du wendest dich zuerst an deinen Teamleiter, begründest deine Forderung. Wenn du mehr willst, musst du mehr liefern. Ich brauche mindestens drei Argumente, warum du mehr Lohn verdienst.“ Klar. Deutlich. Aber immer noch wertschätzend. Denn diese ehrliche Wertschätzung deines Gegenübers aus vollem Herzen ist nebst klaren Aus- und Ansagen sehr wichtig!

Auch wenn ich nach meinem Outing einige Male aus meiner Firma hörte, dass ich als Petra nun viel härter, viel taffer geworden sei. Das stimmt nicht. Ich bin seither nur viel klarer. Weil ich keine Angst mehr habe. Weil ich keine Rolle mehr spiele. Weil ich die Hosen runtergelassen habe und nun weiss, für was ich stehe. Und ich sag dir eins: Mein Leben ist seitdem viel einfacher!

Einfach leben – Einstellungssache

Denn das ist es doch, worum es eigentlich geht: einfach ein gutes Leben zu führen. Es ging mir nie darum, in Frauenkleidern herumzulaufen, also etwas nach aussen hin zu verkörpern. Es geht nicht darum, dich deinem Umfeld zu präsentieren – als super Schwiegersohn, als löblicher Politiker, als netter Unternehmer. All diese Rollen werden wir niemals vollständig ausfüllen, so sehr wir uns auch verbiegen.

Was bringt es dir, deinen Status mit einem dicken Porsche, einem Ferrari oder Lamborghini zu markieren, wenn du doch eigentlich lieber eine Corvette fährst? Nichts gegen Ferrari, Lamborghini oder Porsche. Aber ich bin ein absoluter Fan von den amerikanischen Corvettes. Weil sie im Gegensatz zu europäischen Marken eben gegen den Strom schwimmen. Nicht so glattgebügelt, stromlinienförmig, Mainstream sind. Ein bisschen rauher, ein bisschen grober, härter, mit grösseren und lauteren Motoren, ein bisschen weniger zuverlässig als andere geschmeidige Sportwagen. Weil die Corvette für mich ein unvergleichliches Lebensgefühl ausdrückt, ein Stück weit den legendären amerikanischen „way of life“, so wie ich ihn bei meinen Besuchen in den Staaten kennengelernt habe. Vor allem aber meinen ganz eigenen „way of Petra“.

Es geht darum, zu dir selbst zu finden. Denn das ist die einzige Transformation, die es für mich gibt: zu dir selbst, deinem Inneren. Denn, wenn du mit dir im Reinen bist, dann bist du in deiner Stärke, in deiner Energie, in deiner eigenen Identität. Das habe ich im Laufe der Jahre, im Laufe meines bisherigen Lebens für mich erkannt. Mein Outing war ein „Abfallprodukt“ dieser Erkenntnis. Weil es mein Leben leichter gemacht hat. Weil es mich als Person klarer zeichnet. Weil ich nun mein eigenes Leben lebe – kein fremdes.

Es gibt nur eine einzige Transformation: von aussen nach innen, zu dir selbst.

Das heisst nicht, dass ich nicht auch ins Straucheln gerate. Manchmal komme ich zu Abzweigungen auf meinem Weg, an denen ich zögere, weil irgendetwas meine Klarheit vernebelt.

KAPITEL 2:

Erzähl mir doch nix!

Der Ort, an dem du die meiste Zeit verbringst, ist – nach deinem Bett – die Arbeit. Das sind die zwei grössten Blöcke im Leben: Schlafen und Arbeiten. Und deswegen sollte, das ist zumindest meine Meinung, die Arbeit auch ein Stück Heimat sein. Als Geschäftsführerin habe ich mich immer darum bemüht, dass meine Mitarbeiter mit einem positiven Gefühl zur Arbeit kommen. Weil sie eben ein so grosser Teil des eigenen Alltags, des Lebens, ist. Und da will ich persönlich auf dem Laufenden bleiben, ich will informiert werden, wo es hingeht, welche neuen Entwicklungen es in meinem Job gibt: Wer kommt, wer geht, woran arbeiten wir und was steht als Nächstes an?

Ich habe meinen Mitarbeitern also zusammen mit der Lohnabrechnung ein persönlich verfasstes, monatliches Infoschreiben nach Hause geschickt. Damit sie sich ein Bild von ihrer zweiten Heimat machen können, damit vielleicht auch die Ehepartner den neuesten Stand erfahren. Bei vielen kam das auch gut an, aber es gab auch Mitarbeiter, die diese Form des Inputs kategorisch ablehnten, sich regelrecht echauffierten:
„Ich lese doch zuhause nichts über die Arbeit!"

Das habe ich nie verstanden. Weil ich mich persönlich über jeden Input freue, den ich von der Arbeit kriege, unabhängig von meiner Rolle als Geschäftsführerin. Ich habe schon immer jede Möglichkeit genutzt, mich weiterzubilden, dazuzulernen, neue Perspektiven einzunehmen und Impulse aufzugreifen.

Wissen sammeln

Aber viele Menschen sträuben sich regelrecht gegenüber Neuem und vertreten die Meinung: „Das ist alles schlecht, was von oben, von der Geschäftsleitung, kommt." Der Widerwille dazuzulernen ist derart hoch, dass diese Personen damit selbst ihr eigenes Potenzial begrenzen.

Viele Menschen sträuben sich regelrecht gegenüber Neuem.

Meine kaufmännische Ausbildung absolvierte ich bei einem Autohändler bei uns in Winterthur; einem der windigsten Arbeitgeber bei uns in der Region, aber ich hätte keine bessere Lebensschule bekommen können. Nach meiner Lehre wechselte ich zu einer Zürcher Lokalbank. Ich war höchstmotiviert, wollte alles mitnehmen, was ich konnte, fand es unheimlich spannend und freute mich, etwas Neues zu lernen, mich weiterzuentwickeln. Deswegen fragte ich gleich in der ersten Woche meinen Chef: „Was für Weiterbildungsprogramme habt ihr? Ich würde gerne so viele davon nutzen, wie es geht!" Und machte mich damit direkt unbeliebt bei meinen Kollegen: „Wenn ich auch nur einen Tag wegen dir in die Schule muss, dann haben wir aber mächtig Ärger. Dem Chef so eine blöde Frage zu stellen, ich fasse es nicht!"

Und ich fasse diese Einstellung nicht. Wenn der Arbeitgeber seinen Mitarbeitern die Möglichkeit bietet, sich weiterzubilden, wenn die Mitarbeiter die Optionen nur ergreifen müssen, den neuen Input nur aufsammeln müssen, warum bleiben manche Menschen dann einfach nur stehen? In Abwehrhaltung, grimmig dreinschauend, vor sich hin schimpfend und das Neue mit Füssen tretend.

Die einzige Konstante ist die Veränderung.

Aus diesem Gedanken heraus ist mein Bild für dieses Kapitel entstanden. Eine Figur, die wissbegierig und motiviert alle neuen Impulse sammelt. Denn darum geht es: das Sammeln. Die Bereitschaft, dein Körbchen überall hinzustrecken und neue Impulse einzufangen – um daraus dein eigenes Ding zu machen. Das Wichtigste bleibt hängen, der Rest fällt durch die Maschen deines Körbchens – Mut zur Lücke. Du kannst nicht alles wissen und in allem ein Experte sein. Wichtig ist, dass du bereit bist, dass du Lust hast, zu lernen. Dass du nicht in die Haltung verfällst: „Das haben wir aber immer schon so gemacht!", „Von dem oder der lasse ich mir doch nichts sagen!" Sondern offen und neugierig dein Körbchen ausstreckst … Denn die einzige Konstante, der du dir in der Zukunft sicher sein kannst, ist die Veränderung.

Meine Zeit bei der Bank war gut. Ich habe viel gelernt; aber rückblickend muss ich mir eingestehen, dass es nicht meine Welt war. Und nicht ist. Denn ich gehöre da hin, wo Motoren laufen, wo es nach Gummireifen stinkt. Doch die Umwege, alle Erfahrungen auf dem Weg dorthin, waren wichtig. Wichtig, um mein Wissen zu erweitern, mein Körbchen zu füllen …

Wertvolle Lebenserfahrung

Wenn du erstmal dabei bist, ganz bewusst mit deinem Körbchen unter dem Arm durch die Welt zu stiefeln und Wissen einzusammeln, dann wirst du schnell merken, welche Menschen in deinem Leben dir dabei behilflich sind, deinen Wissensschatz aufzubauen.

Das können Menschen mit viel Erfahrung im Job oder einer umfangreichen Lebenserfahrung sein. Von diesen Leuten kannst du dir abschauen, wie sie in der einen oder anderen Situation reagieren, wie sie sich in herausfordernden Momenten verhalten oder was sie sagen. Lerne ganz bewusst von diesen Menschen, aber: Nimm sie dir nicht zum Vorbild.

Ich habe den Grundsatz: Lerne von Vorbildern, aber habe selbst kein Vorbild. Was ich damit meine: Nimm dir niemanden zum Vorbild im Sinne eines Abziehbildchens, das du 1:1 auf dich übertragen kannst. Lerne von Menschen, um dann deinen eigenen Weg zu gehen. Fülle all das Wissen in dein Körbchen, kombiniere es mit deinen Erfahrungen und Erkenntnissen und mach es zu deinem ganz persönlichen Ding. Sie wie ich es zu meinem Petra-Ding mache.

Lerne von Vorbildern, aber habe selbst kein Vorbild.

Ich finde es immer schwierig, wenn jemand einen anderen Menschen zu seinem Vorbild ernennt und damit auf einen hohen Sockel stellt.

Denn noch nicht mal die gescheiteste Frau der Welt, nicht der schlauste Mann auf dieser Erde, weiss alles und kann alles. Von Personenkult halte ich deshalb nichts – aber ganz gezielt jemanden um Rat fragen oder um Hilfe bitten, das halte ich für schlau.

Zu hohe Hürden

Denn, und das musste ich schon häufiger in meinem Leben feststellen: Es gibt einfach Hürden im Leben, die sind so hoch oder so kompliziert, dass du merkst: ‚Mit meinem Rüstzeug allein komme ich hier nicht weiter!' Ein Coach oder ein Mentor können dir in solchen Situationen helfen, dein Rüstzeug zu erweitern, dazuzulernen und schliesslich zu wachsen.

Meistens ist der Blick von aussen auch super wertvoll, um nicht immer wieder den gleichen Fehler zu machen. Verstehe mich nicht falsch: Fehler zu machen ist eine grosse Chance. Unter einer Voraussetzung: Wenn wir diesen Fehler nutzen, um daraus zu lernen. Wenn das Scheitern einen Denkprozess und somit Veränderungen anstösst. Was dagegen in eine Sackgasse führt, sind Fehler, die wir immer und immer wieder begehen.

Fehler, die wir immer und immer wieder begehen, führen in eine Sackgasse.

Eine Bekannte von mir ist zum Beispiel mit ihrem Ex-Freund ziemlich auf die Nase gefallen. Und mit dem nächsten Freund auch. Aber kaum hatte sie wieder einen neuen Partner, fiel mir auf: Der ist ja genauso wie alle Vorgänger! Ein Schönling, der offensiv ausstrahlt, für wie geil er sich selbst hält. Der emotional aber noch in den Kinderschuhen steckt und sich überhaupt nicht für seine Mitmenschen interessiert. Obwohl meine Bekannte es leid war, diesen Typen als Freund zu haben, rutschte sie immer wieder in ihr altes Muster. Ganz so als wäre jeder neue Freund ein Abziehbild des Ex. Lerneffekt gleich null. Und so führt sie immer wieder die gleich schlechten Beziehungen.

Viel entspannter

Lernen als Chance für das eigene Leben zu begreifen, bringt einige positive Nebeneffekte mit sich: Es lässt uns über uns hinauswachsen, bringt uns neue Blickwinkel und Möglichkeiten – und manchmal macht Lernen das Leben einfach nur entspannter.

Wenn du Freunde oder Verwandte mit mehreren Kindern hast, hast du bestimmt auch schon beobachtet: Wie entspannt sind Eltern bitte beim zweiten Kind?! Sie sind beim ersten Kind – und da spreche ich aus Erfahrung – durch die härteste und beste Schule der Welt, die Lebensschule, gegangen und haben sie erfolgreich absolviert. Für die Herausforderungen, die Kinder mit sich bringen, kann man sich nur so wappnen. Im Learning by Doing. Erfahrene Eltern haben aus kleinen und grossen Fehlern gelernt, fühlen sich beim zweiten Kind viel besser vorbereitet und kommen mit einem Leben zwischen Windeln wechseln, Schreikrämpfen und schlaflosen Nächten einfach gelassener zurecht.

Das Finden und Annehmen von Wissen ist eine Sache. Mein Wissen aber an andere weitergeben, das ist die Königsdisziplin. Was du an Wissen alles in deinem Körbchen auffängst, streust du gleichzeitig für andere wieder aus. Es ist ein Geben und Nehmen. Im besten Fall geschieht das von deiner Seite aus auch noch bewusst, was nicht unbedingt selbstverständlich ist. Das musste ich selbst einigermassen schmerzlich feststellen.

Nicht jeder ist einfach so in der Lage, sein Wissen mit anderen zu teilen. Ein Beispiel aus meiner ehemaligen Firma, einem Kanalreinigungsunternehmen, zeigt das: Jemand, der bei uns neu anfangen wollte, wurde mit erfahrenen Kollegen zur Reinigung geschickt, und für mich war klar: Wenn er ein paar Wochen mitgefahren ist, dann beherrscht er diesen Job. Oft war das leider aber nicht so. Dass Menschen ihr Wissen unterschiedlich gut an andere weitergeben, hat meiner Meinung nach mehrere Gründe.

Natürlich gibt es immer wieder die Leute, bei denen sich schnell rausstellt, dass sie kein Wissen in sich aufnehmen wollen, egal wie viel ihnen gezeigt und erklärt wird. Diejenigen, die bereitwillig lernen und Wissen in sich aufnehmen, geben nach einem Jahr natürlich tatsächlich einen tollen Mitarbeiter ab.

Was aber, wenn diejenigen, die ihr Wissen weitergeben sollen, diese Aufgabe nicht beherrschen? Manchen fehlt einfach didaktisch das Rüstzeug, dem neuen Kollegen die Arbeit zu erklären. Es mangelt an Geduld oder einer präzisen Ausdrucksweise.

Lernen findet für mich im Alltag statt und nicht an der Universität.

Und auf der anderen Seite gibt es da noch die verhaltenerern Mitarbeiter, die ihr Wissen gar nicht an neue Kollegen weitergeben wollen, weil sie dem Glauben unterliegen, der neue Mitarbeiter könnte sie ersetzen, überflüssig machen. Damit ist natürlich beiden Seiten nicht geholfen und die Firma stellt das vor ernsthafte Probleme. Also habe ich mir überlegt, wie ich diese drei Typen angehen kann. Den, der Wissen grossartig an andere weitergibt, den, der dazu technisch nicht in der Lage ist, und den, der es aus inneren Ängsten heraus nicht will. Wie bringe ich neue Mitarbeiter dazu, bereitwillig zu lernen und erfahrene Mitarbeiter dazu, ihr bereits aufgenommenes Wissen weiterzugeben?

Wer gelernt hat, darf abgeben

Meine Lösung: Ich habe eine interne Akademie gegründet, durch die alle Neuen in der Firma eine Grundschulung bekommen haben. Auf die Weise haben wir mehr Probleme gelöst, als eigentlich beabsichtigt war. Nicht nur die neuen Mitarbeiter, denen noch praktischer Wissensstand fehlte, konnten jetzt ausgebildet werden, sondern bereits etablierte Mitarbeiter konnten ihre Wissenslücken ebenso schließen und nachgebildet werden. Sowohl die Lust am Lernen spornt einen an, weiterzumachen, als auch der Erfolg, sein Wissen an andere weiterzugeben.

Auch ich möchte gerne meine Erfahrungen teilen, Impulse weitergeben. Deshalb habe ich dieses Buch geschrieben.

Ich habe einiges erlebt, viel gelesen und gehört. Wissen von anderen zusammengetragen und mit meinem Erfahrungsschatz ergänzt – und wenn du einen wertvollen Impuls aus diesem Buch für dich und dein Leben mitnehmen kannst, freue ich mich total. Ich finde: Wer gelernt hat, darf sein Wissen auch weitergeben. Wer erntet, darf auch säen. Und die Früchte seines weitergegebenen Wissens sich entfalten zu sehen, kann ein genauso grosser Erfolg sein, wie sein eigenes Wissen zu vermehren.

KAPITEL 3:

Und was habe ich davon?

Ja, es mag wie eine Einbahnstrasse wirken: Wenn ich mein Wissen weitergebe, opfere ich meine eigene Zeit, um mein Wissen an andere zu vermitteln, und es entsteht eventuell keine unmittelbare Wirkung daraus. Ich bekomme dafür keinen direkten Lohn. Und trotzdem tue ich es gerne. Denn der dümmste Bauer weiss: Wenn ich kein Saatgut in die Erde schmeisse, wird auch am Ende des Wachstumszyklus nichts dabei rauskommen.

Was das Säen aber am Ende bringt, ist von vielen Faktoren abhängig, allen voran: der Zeit.

Einer der grössten Fehler, wenn du anderen Leuten deine Zeit schenkst, ist eine konkrete Erwartungshaltung, was diese aus deinem Wissen machen. Hier kommt oft eine sehr hässliche Seite der Menschen zum Vorschein: Die Arroganz. „Ich will keine Zeit opfern, ohne das honoriert zu bekommen. Ich habe einen Anspruch auf das Ergebnis."

Menschen, die sich auf diese Weise verhalten, sind auch im Restaurant unfreundlich zu ihrem Kellner. Mit dieser Einstellung wirst du im Leben scheitern. Das ist eine Milchbüchlein-Rechnung. Gleichheit ist eine sehr vereinfachte Vorstellung von Gerechtigkeit, bei der die Frage „Und was habe ich davon?" ständig im Mittelpunkt steht.

Keine Gegenleistung

Einmal im Jahr lade ich zu einem Gartenfest ein, bringe Bekannte, Freunde und andere mir liebe Menschen zusammen. Ich verbinde damit keinerlei Anspruchshaltung, obwohl ich sogar konkret danach gefragt werde. „Warum machst du das? Was erhoffst du dir davon?" Meine Antwort: „Gar nichts!" Ich habe keine Erwartungshaltung an eine Gegeneinladung oder dergleichen. Ich möchte einen schönen Abend verbringen, nette Gespräche führen und uns allen einen positiven Abend schenken. Es ist bereits dieser Grundgedanke selbst, der mich mit Freude erfüllt. Und das ist der eigentliche Knackpunkt. *Weil* ich keine Anspruchshaltung an eine Gegenleistung habe, bekomme ich praktisch immer eine Gegenleistung.

Die erfolgt dann aber auf völlig andere Weise, zum Beispiel, dass ich nur durch ein nettes Gespräch eine viel persönlichere Beziehung zu jemandem aufbaue.

„Was erhoffst du dir davon?" – „Gar nichts!"

Aber so eine Einstellung scheint nicht selbstverständlich zu sein: Ich habe mich öfters in Situationen befunden, in denen ein freundliches Miteinander ohne daran geknüpfte Erwartungshaltung nicht möglich war. Einmal wurde ich über LinkedIn von einem gefragten Coach angeschrieben und auf ein nettes Kaffee-Meeting über Zoom eingeladen, um uns auszutauschen. Ich bin ohne jede Erwartungshaltung an dieses Online-Treffen herangegangen. Wir hatten vorher eine tolle Konversation per Chat miteinander und daher wollte ich meine Zeit mit diesem Menschen teilen. So können Freundschaften entstehen. Ich loggte mich ein und war überrascht: Mein Gesprächspartner sah ganz anders aus als auf seinem LinkedIn-Profil: Viel mehr Bart, viel weniger Kilos auf den Rippen. Mir gegenüber sass der Manager des Sales-Teams, der mir mit Berechnung etwas aufschwatzen wollte. Ich bin ja im Allgemeinen sehr aufgeschlossen, neugierig, probiere alles mal aus. Aber wenn ich spüre, dass ich mich hier in einem Verkaufsgespräch statt in einem ungezwungenen Miteinander befinde, und das vorher nicht klar war, fühle ich mich verarscht.

Wertschätzung zählt

Klar gibt es Situationen, in denen ich dringend auf etwas von meinem Gegenüber angewiesen bin. Dann habe ich natürlich auch eine Erwartungshaltung. Nichtsdestotrotz kann ich die immer noch mit Wertschätzung rüberbringen. Als ich einmal für mein Unternehmen eine Notbestellung aufgeben musste, bei der ich fünf Spülschläuche brauchte, war mein Lieferant leicht überfordert und stotterte am Telefon, dass das zwei bis drei Monate dauern würde.

Säen ohne Erwartung

Im vergangenen Frühling beispielsweise habe ich meine Tochter Anja und ein paar Freunde und Bekannte zusammengetrommelt, um im Audi-Werk Neckarsulm die Produktionsstätte des Audi R8 zu besichtigen. Warum? Weil wir Autos lieben. Ich habe Zeit verschenkt und kostenlos war die Besichtigung auch nicht. Niemals hätte ich damit gerechnet, dass ich, kaum war ich zwei Minuten in diesem Werk, eine exklusive Gegeneinladung zur Werkbesichtigung bei Ferrari erhalte. Die kam einfach automatisch von einem neuen Bekannten. Ohne dass ich das beabsichtigt oder forciert hätte. Aber gefreut habe ich mich natürlich!

Deswegen versuche ich, möglichst viel in meinem Leben zu säen. Ernte ungewiss. Ich streue etwas – fällt das auf positiven Boden, dann kann es wachsen, es wird grösser, schöner, kann blühen. Es kann aber auch genauso gut absterben, weil die Grundvoraussetzungen nicht gegeben sind. Weil nicht genug Wasser da ist oder es einen Sturm gibt, der den zarten Pflänzchen zusetzt.

Wenn ich mir mein Bild des Säens vor Augen rufe, dann sehe ich ein Männchen, das sein Saatgut auf den Boden wirft und dabei strahlt. Weil es keine Erwartungen hat, sondern Spass daran, zu säen. Und sich umso mehr freut, wenn an irgendeiner Stelle daraus etwas wächst. Denn eins ist sicher: Wenn du gar nichts säst, kann auch nichts wachsen, dann kann sich nichts bewegen.

KAPITEL 4:

Neben der Spur

„Du bist eine echte Heldin! Guck dich mal an, seit 25 Jahren verheiratet." Wummm … Diese Aussage aus dem Familienkreis war der Auslöser für meine Bekannte, um ihr Leben von Grund auf umzukrempeln. Lange war sie unglücklich in ihrer Ehe, wir führten unzählige Gespräche, gingen sämtliche Szenarien durch: „Was wird aus den Kindern? Wo soll ich denn wohnen? Was werden die anderen sagen? Was, wenn es nicht die richtige Entscheidung ist?" Letztlich war sie immer zu sehr durch ihre eigene Angst gehemmt, um etwas zu verändern, den Schritt zu tun, den sie schon so lange in sich spürte.

Ich vergleiche das gerne mit einem Kreisverkehr. Die gibt es in der Schweiz ja nahezu an jeder Kreuzung. Ein Kreisverkehr ist nicht so simpel wie eine Ampel – bei Rot stehen, bei Grün gehen – beim Kreisverkehr kannst du nicht einfach weiterfahren. Du musst dich entscheiden, eine Ausfahrt wählen.

Also fährst du in den Kreisel, drehst dich immer im Kreis und checkst deine Optionen ab. Wo willst du eigentlich hin? Du fährst Runde für Runde für Runde – bis du die Ausfahrt nimmst, zack, bumm, ab auf die Autobahn!

Zack, bumm, ab auf die Autobahn!

So war es bei meiner Bekannten. Zehn Jahre lang drehte sie ihre Runden im Kreisverkehr, traute sich nicht, eine Ausfahrt zu nehmen. Bis sie es einfach tat: Neue Wohnung, neues Leben. „Du bist ja wahnsinnig schnell!" – Für Aussenstehende kam dieser Schritt unerwartet, plötzlich, dabei war sie ihn in ihrem Kopf schon so häufig gegangen. Sie war schon tausend Mal an dieser Ausfahrt vorbeigefahren, hatte sie abgecheckt. Der Impuls, endlich den Blinker zu setzen, endlich die Kurve zu kriegen, eine neue Richtung einzuschlagen – schnurstracks auf die Autobahn – kam unerwartet. Aus dem Nichts. Zumindest für ihr Umfeld.

Runden drehen

Ich kenne das. Zwanzig Jahre lang drehte ich meine Kreise – zwischen Werner und Petra – Runde für Runde, mit diesem bedrückenden Gefühl, wie es wohl wäre, mein Leben in eine neue Richtung zu lenken. Bis ich den Schritt ging. Die Ausfahrt nahm. Mich im roten Kleid vor meine Mitarbeiter stellte und mich als Petra vorstellte.

Von aussen sah es so aus, als wüsste ich genau, was ich tat. Als wäre ich absolut sicher, was nun kommen würde. Aber die Wahrheit ist: Auch ich wusste nicht, was kommen würde. Ich wusste nur, dass es richtig und gut ist, weil ich es mir tausend Mal durchgedacht hatte.

Du nimmst die Ausfahrt nach so langer Zeit nicht wegen des Ziels, das darauf steht. Meistens biegst du aus einem ungeplanten Impuls heraus ab, einem Satz, einem Gefühl, einer Situation. Bei meiner Bekannten war das der Satz: „Hurra, du bist 25 Jahre verheiratet!“ Und merkst erst im Nachhinein, dass du geradewegs auf die Überholspur gefahren bist und dein Leben erst jetzt richtig Fahrt aufnimmt.

Du merkst erst im Nachhinein, dass du geradewegs auf die Überholspur gefahren bist.

Wichtig ist nur, dass du in Bewegung kommst, dass du im Fluss bleibst. Denn wenn du gar nicht erst in den Kreisverkehr fährst, wenn du davor oder vielleicht sogar mittendrin stehenbleibst, weil du Angst vor deiner Entscheidung hast, vor den Möglichkeiten … Was passiert dann? Riesenchaos. Die anderen Fahrer hinter dir hupen dich kräftig an, kommen ebenfalls ins Stocken, werden aggressiv – du wirst zum Bremsklotz durch deine Unsicherheit. Du bremst dich nicht nur selbst, sondern auch alle um dich herum.

Du wirst zum Bremsklotz durch deine Unsicherheit.

Aber andere Menschen kennen nun mal unsere Absichten nicht und verhalten sich nicht immer so, wie wir das gerne hätten. Sie hat den Grund für ihre Trennung im Aussen gesucht, statt bei sich selbst.

Stell dir mal vor, du bist in einer langjährigen Beziehung oder Ehe, in die längst der Alltag eingekehrt ist. Dein Partner ist faul und träge geworden und du hättest gerne, dass er oder sie sich mal wieder etwas bewegt. Was denkst du, hilft dir mehr dabei, dein Ziel zu erreichen? Wenn du deinem Partner Turnschuhe in die Hand drückst und sagst: „Beweg dich mal wieder!" oder wenn du dir selbst Turnschuhe anziehst und einfach selbst anfängst, zu joggen? Worte stossen auf Gegenwehr, aber selbst die Macht zu haben, dich selbst in Bewegung zu setzen, zieht auch deine Mitmenschen mit und treibt sie zur Aktion.

Du kannst Menschen nicht verändern, du kannst sie nur bewegen, indem du dich selbst bewegst.

Einfach machen

Ich wollte schon seit Jahren immer mal Ferien machen und weit weg fliegen. Dieser Gedanke lag permanent in meinem Hinterkopf, aber ich hatte ihn nie verwirklicht. Nach fünf Jahren ohne Urlaub beschloss ich eines Tages, dass ich mich jetzt um die Verwirklichung kümmern werde. Ich ging ins Reisebüro, um zu schauen, wohin ich fliegen könnte. Im Reisebüro selbst waren überall Bilder von Palmen und der Strand der Karibik. Da wollte ich eigentlich schon immer mal hin. „Auf welche der 30 bekannten Inseln möchten Sie denn gerne?", fragte mich die freundliche Reisebüromitarbeiterin. „Alle", rief ich spontan. Und so geschah es auch. Am Donnerstag war ich im Reisebüro und am Montag flog ich aus dem Schneegestöber in der Schweiz raus in die Karibik und machte eine Kreuzfahrt, auf der ich zehn Inseln anschaute.

Ich habe in meinem Inneren reflektiert, mich für eine Ausfahrt im Kreisverkehr entschieden und mit dem aufkommenden Impuls endlich das getan, was ich eigentlich schon lange hatte tun wollen. Zack, bummmmm, ab auf die Autobahn … Einfach aus einem Gefühl heraus. Ohne zu wissen, was kommt.

Denn, wenn du dich bewegst, bedeutet das gleichzeitig auch, dass du dich ein Stück weit treiben lässt. Vom Leben. Das habe ich auf dieser Kreuzfahrt gelernt: Loszulassen. Jeden Abend, wenn das Schiff aus dem jeweiligen Hafen einer Insel in die komplette Dunkelheit auslief, zelebrierte ich diesen Moment für mich. Ich stand am Heck, an der Reling und habe gewartet, bis das letzte Licht der Insel in der Dunkelheit verschwand. Manchmal habe ich dabei ein paar Tränen verdrückt. Das waren die Momente, in denen ich mir bewusst wurde, dass ich Bekanntes loslassen muss. Ich fuhr ins Unbekannte, ins Dunkle, mit dem Urvertrauen, dass am nächsten Morgen wieder eine neue Insel in mein Leben kommt. Eine neue Insel, die ich erkunden darf.

MUT

KAPITEL 5:

Bungee Jumping reicht nicht!

Laut anderen vorzulesen – das war schon in meiner Schulzeit eine echte Herausforderung. Was, wenn ich mich verhasple? Sätze verdrehe? Wörter überspringe? Die Angst hat mich gelähmt und so ist dann natürlich genau das passiert, was ich befürchtet hatte.

Viele Jahre später wurde ich wieder mit dem Vorlesen konfrontiert. Und zwar, als es darum ging, mein erstes Buch als Hörbuch aufzunehmen. Ich wurde gefragt, ob ich einen professionellen Sprecher engagieren möchte oder das Buch selbst einlesen will. Meine inneren Glaubenssätze tanzten sofort das mir vertraute Spiel: „Ich cha das nöd! ich trau mii nöd! Klingt meine Stimme nicht viel zu tief für ein Hörbuch?" Meine Selbstzweifel waren schon da, bevor ich überhaupt genauer darüber nachgedacht hatte.

„Ich cha das nöd! ich trau mii nöd!"

Aber mein Producer sprach mir gut zu. Er glaubte daran, dass ich ein gutes Hörbuch einsprechen könnte. Also habe ich all meinen Mut zusammengenommen. Ich stellte mich der Herausforderung, stieg in die Kabine, setzte mir die Kopfhörer auf und … verkackte einen Satz nach dem nächsten. Ich wusste, dass ich nicht gut bin, aber der Producer war zum Glück sehr geduldig: „Und wenn du das zehnmal einsprechen musst, wir machen das! Wir bleiben so lange, bis es klappt!" Und so zogen wir es gemeinsam durch.

Kein Rückzieher

Ich habe das Projekt angeleiert. Ich wollte mein Buch vertont haben. Ich kann jetzt nicht einfach einen Rückzieher machen und einen deutschsprachigen Sprecher für ein Buch einer Schweizer Autorin engagieren. Wie würde das denn klingen? Nein, ich habe mir das eingebrockt, jetzt löffle ich die Suppe auch aus! Und was war? Ich habe mich reingestürzt, nach den anfänglichen Schwierigkeiten war ich schneller fertig als ursprünglich geplant und hatte sogar noch Spass dabei.

Ich hätte ja nicht wissen können, wie viel Freude ich daran habe, wenn ich mich dazu entschieden hätte, meine Zweifel siegen zu lassen. Und als alles fertig war und ich mich selbst gehört habe, hab ich mir nur gedacht: „Wow. So klingst du? Das ist deine Stimme? Wahnsinn!"

Hin und wieder merke ich einfach, wie mich meine inneren Glaubenssätze ausbremsen wollen. Und ich denke, dir geht es ähnlich. Dir sind bestimmt auch schon Sätze durch den Kopf geschwirrt, wie: Was halten die anderen von mir? Wie sieht das denn aus? Ich kann das nicht! Das steht mir nicht zu! Ich hatte noch nie Glück im Leben. Wenn ich das tue, könnte es sein, dass die anderen mich nicht mehr mögen. Ich mache einfach mit, damit ich nicht ausgegrenzt werde.

Auch mir waren all diese beängstigenden, lähmenden Glaubenssätze nicht fremd. Aber von ihnen leiten lassen möchte ich mich nicht. Ich möchte die Macht behalten, selbst die Initiative zur Veränderung zu ergreifen. Ich bestimme den Zeitpunkt, ich bestimme die Intensität. Ich bin es, die meine Ziele festlegt.

Ich kann im Vorfeld nicht die Auswirkungen meiner Handlungen absehen. Ich weiss nicht, wenn ich mit meiner getroffenen Entscheidung eine Lawine lostrete, ob sie hinabstürzt, ohne einen Schaden anzurichten, oder ob sie andere Menschen mitreisst. Ich kann mich ewig lange damit beschäftigen, mir Negativszenarien auszudenken, was alles passieren könnte. Aber das bringt mich nicht weiter. Stattdessen will ich nach vorne schauen.

Dazu sagte mein Coach Nicole einmal einen Satz, der mir bis heute richtig gut in Erinnerung geblieben ist: „Setze deine Ziele so gross, dass sie dir Angst machen!"

„Setze deine Ziele so gross, dass sie dir Angst machen!"

Oder anders gesagt: Wähle dein Ziel so, dass der Weg dorthin Hürden beinhaltet, an denen du wachsen kannst. Es darf sogar etwas schmerzen, beschwerlich wirken, wenn du an die Umsetzung denkst.

Denn: Persönliches Wachstum findet vor allem ausserhalb deiner Komfortzone statt.

Grosse Ziele erfordern jede Menge Mut, keine Frage. Aber mit mutigen Entscheidungen meine ich nicht so etwas wie Bungee Jumping. Hier lockt der grosse Kick, das Adrenalin beflügelt. Na klar, sich einfach so nur an einem dünnen Seil hängend von einer Brücke zu stürzen, das erfordert natürlich Mut. Aber nicht diese Art von Mut trägt dich den Rest deines Lebens. Nicht diese Art von Mut lässt dich grundlegend wachsen. Zumindest nicht, wenn es bei einer einmaligen Überwindung bleibt.

Mir geht es viel mehr um den Mut des Alltags. Der Mut, jeden Tag zu sich selbst zu stehen. So mutig zu sein, auch Fehler zuzulassen. Mutig gegen starre eigenen Glaubenssätze und die Meinung der anderen anzugehen, die dir immer wieder sagen: „Du kannst das nicht!"

Erfolgreich Letzter

Besonders mutig war für mich zum Beispiel, was Michael Edwards getan hat – er ist besser bekannt als „Eddie the Eagle." Michael hatte schon als kleiner Junge einen grossen Traum: Er wollte an den Olympischen Spielen teilnehmen. Also trainierte er, was das Zeug hielt, und liess sich auch von seinem Umfeld nicht von seinem Traum abbringen.

Nachdem er in anderen Disziplinen – wie Judo und Volleyball – wenig erfolgreich war, konzentrierte er sich aufs Skispringen. Der Brite fuhr zu den besten Springern der Welt ins Trainingslager nach Garmisch-Partenkirchen, schlief aus Geldnot in einer Kammer, stürzte unzählige Male, verletzte sich schwer – und gab trotzdem nicht auf.

Tatsächlich gelang es ihm schliesslich, an den Olympischen Spielen 1988 in Calgary teilzunehmen. Er wurde abgeschlagen Letzter (was ihm herzlich egal war), sprang aber immerhin den britischen Olympiarekord.

Beim Jubel über diesen Erfolg wedelte Michael mit den Armen wie es Adler tun, was ihm den Spitznamen „Eddie the Eagle“ bescherte.

Als ich den Film über Eddies Lebens sah, war ich beeindruckt. Nicht nur, weil ich mich nie im Leben eine Skisprungschanze runterstürzen würde! Sondern vor allem, weil er es allen Zweifeln und Zweiflern gezeigt hatte und sich seinen grossen Traum erfüllte.

Allen Zweifeln und Zweiflern zum Trotz.

Wow. Was für ein grosses Ziel. Wie mutig, sich einfach auf die Sprungschanze zu stellen. Na ja, von aussen wirkt es vielleicht mutig, aber für Eddie war es ein ganz logischer Schritt. Meine Bekannte, die ihre Ehe nach 25 Jahren beendete, ich, nach meinem Outing, wir alle hörten im Nachgang: „Wow, was für ein mutiger Schritt!“ Was von aussen mutig erscheint, ist von Innen heraus einfach logisch. Für Eddie war es einfach logisch, sich auf die Sprungschanze zu stellen. Mein Outing war eine logische Konsequenz, als ich die Ausfahrt aus dem Kreisverkehr nahm. Weil ich mich lange mit dem Thema beschäftigt habe, gut überlegt diesen Schritt gegangen bin. Aber die Leute um dich herum sehen im Endeffekt nur deine Taten, deine Entscheidungen, nicht den Weg, den Prozess an sich.

Echt mutig

Mutig zu sein, das bedeutet, echt zu sein. „Wir können auch einen deutschen Profisprecher nehmen,“ erklärte mir das Team vor der Hörbuchaufnahme. Aber wie käme das rüber? Nicht echt. Das wäre nicht ich. Und deswegen stellte ich mich vor das Mikrofon, trotz meiner negativen Glaubenssätze, trotz den Stimmen in mir, die schrien: „Das kannst du doch gar nicht“ und präsentierte mein Buch. So, wie ich eben spreche. Vielleicht nicht so professionell wie ein Profisprecher, aber dafür echt.

Ich mag das Wort „authentisch“ übrigens nicht. Weil du Authentizität kaufen kannst – Authentizität ist lernbar, ist Teil des Personal Brandings. Echtheit wiederum nicht. Bist du echt, spiegelt sich das in deinen Werten, deinem Auftreten, deinen Taten wider. In Kapitel 3 habe ich dir von meinem Zoom-Date mit dem Top-Coach, der mich über LinkedIn kontaktiert hatte, erzählt. Dass da plötzlich der Sales-Manager vor mir sitzt, im Namen seines Chefs schreibt, den „authentischen Auftritt managt“ – das ist doch nicht echt?!

Authentizität ist käuflich und lernbar, Echtheit nicht.

Um echt zu sein, brauchst du viel Mut. Denn wenn du echt bist, wirst du anecken. Weil es bedeutet, dass du zu deiner Meinung stehst und sie aussprichst. „Hat es denn geschmeckt?“ „Danke der Nachfrage, um ehrlich zu sein, nicht sonderlich.“ Du sagst deine Meinung, du gibst natürlich auch ein konstruktives Feedback. Nicht, um zu mäkeln und zu meckern, sondern weil du gefragt wurdest und weil du zu dir und deinem Empfinden stehst. Je mutiger du bist, umso echter wirst du auch.

Echt inspirierend

Deine mutigen Entscheidungen werden nicht nur dein Leben verändern. Wenn du mutige Entscheidungen triffst, wirst du zur Inspiration für andere. Du musst schliesslich nicht die ganze Welt retten. Aber wenn du vor deinem eigenen Umfeld Mut zeigst, wer weiss, wen du alles dazu anstiftest, ebenfalls seinen eigenen Mut zu finden? – Du kannst die Menschen um dich herum nur bewegen, indem du dich zuerst selbst bewegst.

Der Film „Eddie the Eagle“ hat mich persönlich inspiriert. Trotzdem würde ich mich niemals auf eine Skisprungschanze stellen. Das ist mir persönlich viel zu steil. Aber darum geht es auch nicht; es geht darum, mutig genug zu sein, den Schritt zu gehen.

Dein Leben selbst in die Hand zu nehmen. Deine eigenen Entscheidungen zu treffen.

Das spiegelt sich auch in dem Bild wider, das ich dir hier als Eselsbrücke mitgeben möchte: Stell dir eine Figur vor, die mitten im Leben steht. Die Figur bist du. Du stehst da, mit festem Stand auf dem Boden, und freust dich. Du stehst da, echt, als du selbst. Du merkst, dass dein Mut belohnt wird. Dass das Leben so viel leichter ist, wenn du dein Leben selbst in der Hand hältst – so wie das Schild in deiner Hand. Nach aussen wirken deine Entscheidungen mutig, aber im Grunde folgst du nur deinem eigenen Weg. Setzt deine Werte und Wünsche in Taten um. Und zwar nicht irgendwann, sondern genau jetzt.

GESTERN

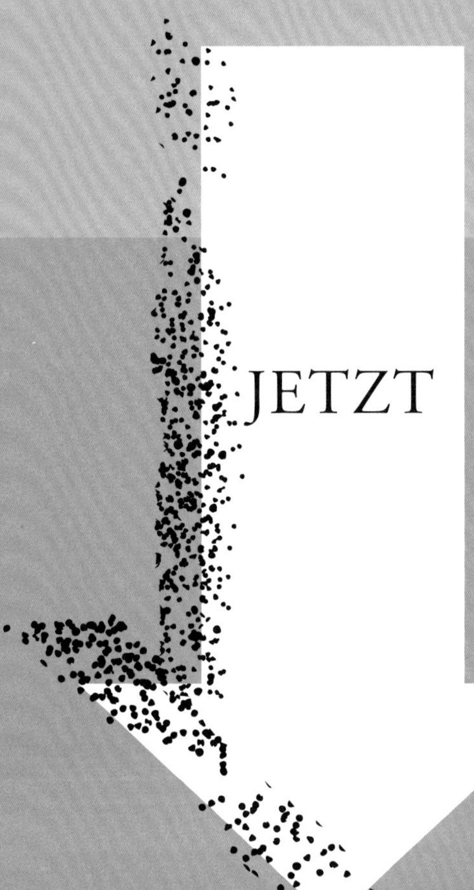

MORGEN

KAPITEL 6:

Jetzt isch fertig!

„Mir geht's grausam schlecht! Ich fühle mich irgendwie total gerädert. Ehrlich gesagt, glaube ich, meine Pumpe macht's nicht mehr lange. Als ich noch arbeiten gegangen bin, habe ich mich viel fitter gefühlt", jammerte ein Rentner vor seinem ehemaligen Kollegen. Sein Kollege war ungefähr im selben Alter, aber im Gegensatz zu ihm braungebrannt und sah frisch und erholt aus. „Also ich finde es total genial, endlich in Rente zu sein! Endlich habe ich all die Zeit, die ich vorher nie hatte. Warum kommst du nicht mit, wenn ich das nächste Mal auf meine Radtouren gehe? Da kommst du mal wieder raus und vergisst deine Sorgen!"

Morgen ist doch auch noch ein Tag

Ich hatte dieses Gespräch in der U-Bahn aufgeschnappt, aber es geistert mir immer noch manchmal im Kopf herum. Es offenbart so viel. „Ich wache immer noch jeden Tag um halb 6 Uhr morgens auf. Ich fühle mich schlecht. Ich vermisse die Firma", beklagte sich der Rentner. Der braungebrannte Radfahrer konnte mit diesem Gejammer so gar nichts anfangen. Er erzählte, wie er sich schon den ganzen Tag darauf freut, abends mit seiner Frau essen zu gehen.

Ich glaube, der fitte Rentner hat viel richtig gemacht: Er hatte schon lange vor seinem Ruhestand mit dem Fahrradfahren angefangen. Er hat sich nicht lange damit aufgehalten, irgendwann in der Zukunft seine Pläne zu verwirklichen, sondern hat sie beim Schopf gepackt und ist sie angegangen.

Eine komplett andere Haltung ist, wenn du die Welt um dich herum als schlecht ansiehst, wenn alle anderen böse sind und dich nur aufhalten. Wenn du immer die passende Ausrede parat hast, um dich nur ja nicht bewegen zu müssen. Oder wenn du einen Traum hast, den aber ganz weit in die Zukunft schiebst. Ich meine: Der Gedanke, dass ein gutes Leben ab einem bestimmten Zeitpunkt beginnen wird, ist Unfug.

Ich arbeite heute an einem guten Leben.

Natürlich muss jeder selbst wissen, was ihn glücklich macht, was ihn erfüllt. Da gibt es keine allgemein gültigen Massstäbe. Als ich meine Firma verkaufte, was für mich ein gewaltige, tiefgreifende Entscheidung war, erwartete ich, dass von aussen eine erfüllende neue Aufgabe an mich herangetragen wird. Pustekuchen! Nichts, aber rein gar nichts passierte in diese Richtung. Meine Erwartungshaltung war: Ich habe das jetzt doch verdient! Und sie wurde total enttäuscht. Das hat mich runtergezogen und unzufrieden gemacht. Eine grosse innere Leere war da. Die Frage kam auf: War der Preis des Verkaufs zu hoch? Nein nicht der monetäre, sondern der emotionale Preis.

Ich stürzte mich in die Selbstreflektion. Was macht das gerade mit mir? Wo trifft es mich gerade? Auch das hatte ich im Coaching mit Nicole gelernt. „Stell dir diese Fragen, lass sie zu!" Dabei merkte ich, dass ich nicht definieren konnte, was ein erfülltes Leben, was eine erfüllende Aufgabe ist. Gibt es das überhaupt? Und ich merkte, es ist meine Wertung der Situation, die mein Drama auslöst.

Helfen konnten jetzt meine Werte wie positive Grundhaltung, Demut und Dankbarkeit. Uns so lernte ich, die Situation für mich anzunehmen, um sie handhaben zu können. Ich erkannte die Macht der eigenen Wertung.

Dein Zehn-Jahres-Plan funktioniert nicht

Es gibt Leute, die haben noch über zehn Jahre bis zur Rente und wissen trotzdem auf den Tag genau, wann ihr letzter Arbeitstag sein wird. Wohin führt sie diese Denkweise? Nichts gegen Pläne und Zukunftsvisionen. Aber der Prozentsatz der Menschen, die sich vorgenommen haben, nach ihrem Arbeitsleben endlich ihr eigenes Buch zu schreiben, endlich einen Marathon zu laufen, endlich dies oder jenes zu tun, und das dann auch tatsächlich durchgezogen haben, ist gering. Wenn du etwas tun möchtest, träume nicht ewig davon. Dadurch wird es nur allzu wahrscheinlich, dass du es am Ende doch nicht tust. Viel besser ist es, das grosse Ziel in viele kleine Unterziele zu untergliedern und so Schritt für Schritt voranzugehen.

Mit kleinen Schritten arbeitest du am grossen Ziel. Dem Ziel, das dir zu Beginn noch Angst macht. Aber du wirst schon sehen: Je mehr kleinere Schritte du erfolgreich gemeistert hast, desto kleiner wird das Schreckgespenst „Grosses Ziel".

Ich habe mir eine Liste mit Dingen gemacht, die ich im Leben unbedingt mal tun wollte. Darauf landete unter anderem der Punkt: eine Motorshow in Essen besuchen. 30 Jahre später war da immer noch dieser unerfüllte Wunsch. Als ich merkte, wie lange ich ihn vor mir hergeschoben hatte, ging ich direkt bei der nächsten Gelegenheit zu so einer Show. Es war grandios!

30 Jahre später ...

Aufschieben funktioniert bei keinem Ziel. Wenn du willst, dass dein Unternehmen Marktführer in deinem Bereich wird, fällt das nicht vom Himmel. Das geschieht nur durch lauter kleine Entscheidungen, lauter Einzelschritte. Die kannst du alle bereits heute angehen. Dir zu überlegen, wo du dich selbst gerne in zehn Jahren sehen würdest, ist durchaus ein guter Startpunkt. Aber es ist eben nur die Vision. Die Schritte zur Umsetzung musst du im Hier und Jetzt wagen. Es gibt keinen Grund dafür, das ständig aufzuschieben. Damit landest du nur wieder im Kreisverkehr.

Der richtige Zeitpunkt ist jetzt

Verstehe mich bitte nicht falsch: Ich erwarte nicht von dir, dein Leben von Grund auf über den Haufen zu werfen. Manchmal sind es schon die kleinen Dinge, die Grosses bewirken. Die unglückliche Partnerschaft, das miese Verhältnis zu den Eltern, die hässliche Wohnung, der nervige Job, die angefutterten Speckrollen und die Sorgenfalten – Nur weil ein ganzes Problemknäuel vor dir liegt, bedeutet das nicht, dass diese Probleme per se miteinander verknotet sind.

Vielleicht ist dein Problemknäuel nur unordentlich zusammengewickelt und wenn du zwei oder drei Fäden herausziehst, zwei Entscheidungen triffst, drei Handlungen durchziehst, dann lösen sich vielleicht auf einmal auch die restlichen Themen auf. Jede deiner Taten verändert deine Sichtweise, deine Ausgangslage. Jede Tat erschafft neue Möglichkeiten. Je mehr du ins Tun kommst, desto mehr wird sich auch bewegen. Nur Pläne zu schmieden für die nächsten fünf oder zehn, vielleicht sogar zwanzig Jahre, bringt noch lange nichts. Gib dem Leben nicht mehr Jahre, sondern gib dem Jahr mehr Leben!

Statt dich jeden Tag über diese dämliche Gummipflanze im Büro zu ärgern, stell sie doch einfach weg! Such ihr einen besseren Platz! Das Ziel ist, dir eine Vielzahl von „Plus“ im Alltag zu schaffen, sodass sie die Minuspunkte übertreffen. Denn meistens ist es nicht eine einzige Massnahme, die dich in ein gutes Leben katapultiert, sondern die Vielzahl von kleinen, positiven Entscheidungen. Die Summe deiner Pluspunkte. Und für die bist du, bin ich, ganz alleine selbst verantwortlich.

Gib dem Leben nicht mehr Jahre,
gib dem Jahr mehr Leben!

Ein erfülltes Leben – ach, wie wäre es schön, wenn …

Ein erfülltes Leben ist kein Endziel, sondern ein immer währender Prozess. Ob gestern, heute oder morgen. Wir sind zu jeder Zeit selbst verantwortlich für unser eigenes Leben. Denn ein erfülltes Leben ist nichts, was uns vielleicht einmal widerfährt, sondern es ist deine eigene Entscheidung.

Warum auf das Alter warten?

Wir alle machen Fehler. Und das gehört zum Lernen, zur Entwicklung dazu; solange wir eben auch daraus lernen … Deine Taten von gestern kannst du nicht mehr verändern. Deine bisherige Geschichte ist geschrieben. Aber das Hier und Jetzt ist neu. Du kannst es gestalten und damit dein Morgen beeinflussen. Dort findet dein persönliches Wachstum statt. Ich habe dir schon erzählt, dass ich das Leben selbst als härteste und gleichzeitig beste Schule betrachte. Ich bin dankbar für alles, was bis heute in meinem Leben geschehen ist. Meine Herkunft, meine Erfahrungen, sie sind Teil von mir. Sie waren mein Trainingslager. Für meine Entscheidungen im Heute. Für meine Zukunft im Morgen.

Deine Geschichte von Morgen schreibst du im Hier und Jetzt.

Vielleicht erinnerst du dich an deine süssen Zwanziger, vielleicht steckst du auch gerade mittendrin. Ich erinnere mich, als meine damals 16-jährige Tochter verkündete: „Ab 25 sind die Leute alt." Unter 20 tickt die Uhr noch langsam. Dein Horizont ist weit, du denkst, dein Leben ist ewig, du hast noch so lange Zeit. Dann kommen die 30er Jahre und die 40er, in denen sich alles um Familie und Job dreht. Irgendwann bist du dann – ganz plötzlich – 50 Jahre alt … und du merkst: Der Zenit deines Lebens ist schon vorbei.

Je älter du wirst, desto öfter stellst du fest: Dein Umfeld ist schon jenseits von „uralt" – wie damals meine Tochter Menschen über 60 bezeichnete. Viele Beziehungen im Freundes- und Bekanntenkreis sind gescheitert, die erfolgreichen Karriereüberflieger sind inzwischen in Rente. Aber anstatt zu bedauern, was du vermeintlich verpasst hast, kannst du auch jetzt noch dein Leben gestalten. Mit 50 kann dein Leben erst anfangen! Weil du endlich alt genug bist, deine Erfahrungen gesammelt hast, lange genug im Trainingslager warst.

Was bringt es dir, dich nun nach hinten zu orientieren, zu bedauern, was du in der Vergangenheit getan oder nicht getan hast? Wenn du es ohnehin nicht mehr ändern kannst? Was du ändern kannst, ist deine Gegenwart. Also lass uns unsere Entscheidungen nicht auf morgen verschieben, sondern das Hier und Jetzt zur besten Zeit deines Lebens machen!

KAPITEL 7:

Ist mir zu teuer!

Wenn du nicht mit der Zeit gehst, gehst du mit der Zeit. Bestes Beispiel dafür war Nokia. Sie beharrten auf ihrem Tastenhandy – und wurden gnadenlos binnen zwei Jahren vom iPhone überholt … Wer hat heute noch ein Tastenhandy? Dasselbe gilt für Kodak und Polaroid: Wer nutzt heute noch einen Sofortbild-Fotoapparat? Diese Unternehmen sind nicht mit der Zeit gegangen, sie sind nicht ins Handeln gekommen – und wurden deswegen gnadenlos von der Konkurrenz am Markt abgelöst.

Was in der Wirtschaft gilt, gilt auch im Privaten: Entscheidungen, die von aussen für dich getroffen werden, weil du nicht entschieden hast, fühlen sich meistens deutlich schmerzhafter an, als wenn du selbst die Verantwortung übernimmst, dich hinter das Steuerrad setzt, die Ausfahrt nimmst, die Rechnung bezahlst.

Die Schuld am Glück

Jeder ist seines eigenen Glückes Schmied. Ein abgedroschener Spruch, aber wahr. Ich erinnere mich zu gut an ein Pärchen aus meinem Bekanntenkreis. Die Frau war unglücklich und warf ihrem Mann vor versammelter Mannschaft vor, dass er schuld daran sei, dass sie kein schönes Leben habe, dass sie unglücklich sei. Ganz dicke Post! Und eine Frechheit dazu.

Ein Partner ist nicht dazu da, um dich glücklich zu machen. Genauso wie ein Porsche nicht per se glücklich macht. Dich macht vielleicht die gemeinsame Zeit mit einem Menschen glücklich, dir bereitet vielleicht das Fahren Freude – wie mir das Hochbrettern von Passstrassen und das laute Brummen meines Motors oder das Driften auf dem finnischen Eis. Aber von anderen Personen oder gar Gegenständen kannst du nicht erwarten, dass sie dich glücklich machen. Dein persönliches Glück an die Taten anderer Menschen binden, die Verantwortung einfach so abgeben – aus meiner Sicht keine gute Idee.

Ein Partner ist nicht dazu da, um dich glücklich zu machen.

Und dennoch passiert das im alltäglichen Leben ständig. Weil die Angst vor den negativen Konsequenzen, weil die Unsicherheit so gross ist: Was passiert, wenn du selbst das Steuer übernimmst? Wenn du direkt in den Vorschuss gehst, die teure Rechnung bezahlst, bevor der Preis ins Unermessliche steigt? Wenn du zum Beispiel aus der Beziehung aussteigst, die Notbremse ziehst und den Job hinschmeisst.

Deswegen verharren viele Menschen oft lieber in einer passiven Rolle. Schieben anderen die Schuld in die Schuhe. Warten darauf, ob der Partner vielleicht zuerst den Schlussstrich zieht oder sie die Wohnung sowieso wegen Eigenbedarf verlassen müssen … Sie geben die Verantwortung – und die Kontrolle ab.

Es kommt immer anders, meistens günstiger

Meine Bekannte hat sich nach zehn Jahren von ihrem Mann getrennt – kein leichter Schritt. Ein hoher Preis. Insbesondere, wenn Kinder im Spiel sind. Doch sie hat kalkuliert: Der Auszug, der Schritt der Trennung, gab ihr Kraft. Die Kraft, die sie brauchte, um eine noch bessere Mutter zu sein. Denn dadurch, dass sie etwas für sich tat, konnte sie auch für ihre Kinder da sein. So wandeln sich die Vorzeichen: Das Minus wird zum Plus – für alle Beteiligten.

Als Geschäftsführerin musste ich mich das eine oder andere Mal von einem Mitarbeiter trennen. Das ist nie schön. An eine Entlassung eines lieben Mitarbeiters erinnere ich mich nur zu gut. Ich erklärte ihm die Gründe und verabschiedete mich bei ihm: „Ich gebe Ihnen die Chance, Ihr Leben neu zu organisieren.“ „Keine Sorge, ich bin Ihnen nicht böse. Ich hätte mich schon lange selber entlassen.“ Sowas hört man auch nicht alle Tage. Die meisten Menschen sind eher stinksauer, wenn sie entlassen werden. Das mit der Dankbarkeit kommt in der Regel erst deutlich später. Aber dieser ehemalige Mitarbeiter hatte seine Situation offensichtlich schon lange erkannt. Sie erschien ihm nur zu teuer.

Die Konsequenzen daraus schienen zu kostspielig: ein hoher Aufwand, kein Einkommen, Unsicherheit. Im Endeffekt zahlte er die Rechnung trotzdem: Und sie war billiger als gedacht. Für seine persönliche Weiterentwicklung als auch für unser Unternehmen.

Klarheit im Chaos

Ich erinnere mich nur zu gut an eine Cyberattacke. Ich sass abends um 17:30 Uhr im Büro, wollte eine Worddatei aufmachen und plötzlich funktionierte nichts mehr so, wie es sollte. Während ich die Polizei anrief, machte ich eine klare Ansage an alle Mitarbeiter: „ACHTUNG: Wir sind beschossen worden! Alle ziehen jetzt den Kopf ein! Niemand verschickt Nachrichten oder E-Mails!" In der Krisensitzung am Tag darauf, entliess ich mein Team mit den Worten: „Solange ich in der Firma im roten Kleid erscheine, herrscht höchste Alarmstufe." Die Polizei hat mich für mein entschlossenes Auftreten später gelobt und mir erzählt, dass ich das deutlich entspannter aufgenommen hätte, als so manch anderer CEO. Wir waren auch gut darauf vorbereitet. Meine IT-Fachleute hatten mir empfohlen ein „Desaster Recovery" System zu erarbeiten und dies auch zu trainieren. Das ist sowas wie die obligatorische Seenotrettungsübung, bei der auf einem Kreuzfahrtschiff vor dem ersten Auslaufen mit den Passagieren geübt wird. Ich hatte auf meine Jungs gehört – und das bewährte sich in diesem Moment aufs Neue.

Das Signalzeichen meines roten Kleides, die Militär-Metaphern, all das hat meinen Mitarbeitern nicht nur die Krise deutlich vor Augen geführt, sondern auch für ein Wir-Gefühl gesorgt. Erst als ich im wehenden, weissen Sommerkleid in die Firma kam, kam das Aufatmen, die Entwarnung. Jetzt ist es vorbei.

Die Entscheidung anderen zu überlassen, ist so viel einfacher.

Eine Situation, bei der viele zusammen im gleichen Boot sitzen, schärft natürlich das Gemeinschaftsgefühl. Da müssen wir jetzt durch! Dann geniessen es auch viele, klare Ansagen zu bekommen und nicht die gesamte Verantwortung zu tragen, sondern ihre spezifische Aufgabe zugewiesen zu bekommen. Wenn es, wie im Fall der Entlassung, aber um ein direktes Gegenüber geht, kann das für beide Seiten deutlich belastender sein. Daher versuche ich den Leuten, die ich entlasse, klar zu machen, dass ich ihnen so das Steuerrad für ihr eigenes Leben in die Hand gebe. Ihnen die Kontrolle zurückgebe. Und Kontrolle, Eigenverantwortung, Selbstverwirklichung wirkt für viele erst einmal überfordernd. Sie wissen nicht direkt, was sie damit nun anfangen sollen. Die Entscheidung anderen zu überlassen, ist so viel einfacher. Aber wer die Kontrolle über sein eigenes Leben übernimmt, hat einen Vorsprung gegenüber Leuten, die das nicht getan haben.

Selbst ist der Mensch

Ich bin immer froh darüber, wenn ich einen gewissen Vorsprung habe. Sei es nur gedanklich oder auch schon in der Tat. Das gilt besonders, wenn ich zu bestimmten Dingen gezwungen bin. So finde ich es viel entspannter, einkaufen zu gehen, wenn der Kühlschrank noch halb voll ist. Ist er komplett leer, muss ich in den Supermarkt, dann fühlt es sich nicht wie meine eigene Entscheidung an.

Wenn ich dagegen ganz frei in meinen Entscheidungen bin, kann mir ein Vorsprung wirkliche Erfüllung bringen. Ein Beispiel dazu: Wir hatten in meiner ehemaligen Firma, in der Kanalreinigung, Spüldüsen, die vorne an den Schläuchen angebracht waren. Diese Teile haben wir früher selbst hergestellt, indem wir Löcher in die Düse gebohrt haben. Da meldete sich ein junger Metallbauer und sagte zu meinem Vater: „Ich mach das selbst! Ich will diese Düsen bauen! Ich bin mechanisch fit."

„Ich mach das selbst!"

Und mein Vater hat diesen Vorschlag angenommen, auch wenn er ihn, glaube ich, nicht ganz für voll genommen hat. Was nicht bedeuten soll, dass er ihm nicht mit Rat und Tat zur Seite gestanden hätte. Aber er meinte damals im Scherz zu ihm, wenn er erfolgreich wäre, erwartet er in zehn Jahren ein Geschenk von ihm.

Und tatsächlich: Jahre später stand eben dieser Metallbauer in der Tür mit einem Geschenk für meinen Vater in der Hand – und zwar kein Kleines: Er überreichte ihm einen Gutschein für eine Reise in die USA! Mein Vater war total perplex. Heute ist sein Unternehmen Weltmarktführer in der zweiten Generation.

Veränderter Kurs

Mich beeindrucken Menschen wie der Metallbauer. Ihre Geschichte führt mir immer wieder vor Augen: In dem Moment, in dem ich das Steuerrad meines Schiffes ergreife, bin ich diejenige mit dem Wissensvorsprung. Deshalb habe ich für dieses Kapitel das Steuerrad als Gedankenstütze gewählt. Wenn ich das Ruder herumreisse, folgt das Wendemanöver. Ich selbst weiss bereits, dass sich der Kurs jetzt ändern wird. Alle anderen spüren das erst nach einiger Zeit.

Wenn ich die Verantwortung übernehme, bedeutet das zwar, dass ich die negativen Konsequenzen tragen muss, aber ebenso profitiere ich von den positiven. Beides gehört untrennbar zusammen.

KAPITEL 8:

Nach mir die Sintflut!

Mach die Augen auf! Das Auge als Metapher, als Eselsbrücke in diesem Kapitel, steht nicht nur für deinen Sehsinn, sondern für alle Sinne. Es soll dich daran erinnern, wachsam zu sein und achtsam durchs Leben zu gehen. Ein Auge zu haben auf dein Umfeld – aber auch auf dich selbst.

Auf dein Umfeld zu achten, bedeutet, deinen Raum auch für andere Menschen zu öffnen, sich auf sie einzulassen – und ihnen Raum zu geben.

Der Gesprächsgrätscher

Wenn eine Diskussion nur von einer Person dominiert wird, dann ist es keine Diskussion, kein Gespräch, kein Austausch. Erst kürzlich sass ich in einem Restaurant, als ein Kerl am Nebentisch in einer grösseren Runde das Gespräch förmlich an sich riss. Egal, um welches Thema sich das Gespräch drehte: Er hatte die Lösung. Und präsentierte sie seinen Freunden rundherum in voller Lautstärke, untermalte seine Worte mit ausschweifenden Gesten. Sobald eine umsitzende Person den Mund öffnete, um etwas zu erwidern, zur „Diskussion" beizutragen, grätschte er dazwischen. Er haute direkt selbst die Antwort auf seine eigene Frage raus und führte seinen Monolog fort. Das ist alles andere als achtsam. Und alles andere als respektvoll. Und so kommt auch kein vernünftiges Gespräch zustande. Im Gegenteil: Solche Diskussionen verlieren wahnsinnig schnell an Dynamik und versanden im Nichts. An den Gesichtern seiner Freunde konntest du bereits ablesen, wie zermürbend seine One-Man-Show für sie war.

Am liebsten hätte ich mich eingeklinkt, ihm als Augenöffner zugerufen: „Mensch, was du nicht alles weisst. Du bisch än Siebäsiech!" Das ist in der Schweiz der ironische Ausdruck für einen Alleskönner. Beziehungsweise jemanden, der meint, alles zu können. Meine Erfahrung ist: Die Leute, die am lautesten schreien, wissen am wenigsten. Mit Fachwissen hat das rein gar nichts zu tun.

Eine One-Man-Show ist zermürbend!

Achtsamkeit bedeutet: zu beobachten, zuzuhören, hinzuspüren. Wenn jemand Angst hat, muss er nicht zwangsläufig wie Espenlaub am ganzen Körper zittern. Aber wenn du hinfühlst, kannst du die Vibrationen, die Energien, die von ihm ausgehen, spüren. Du fühlst, dass es ihm nicht gut geht. Und kannst darauf reagieren.

Wahrnehmen bedeutet deine Beobachtungen im Aussen mit deinem Inneren abzugleichen: Was geschieht in meinem Umfeld? Und was macht das in der Folge mit mir? Welche Reaktion löst das in mir aus? Wie spüre ich das? Und wie gehe ich mit diesen Gefühlen im Endeffekt achtsam um?

In Rage

Einmal kam ein Mitarbeiter zu mir ins Büro. Kurz vor Feierabend: „Chef, tut mir leid, wir haben eine Beule ins Auto gefahren. Aber der Kunde ist Schuld, der hat so eine doofe Ausfahrt gebaut." Wie würdest du als Chef reagieren? Wenn du eh schon angespannt bist, einen stressigen Tag hinter dir hast voller Minuspunkte – und dann kommt so was. Unfähig! Unachtsam! Wie kann denn so was passieren?! Mein Puls ging auf 180. Natürlich hätte ich aus dieser Gefühlslage heraus reagieren, meinen Emotionen in der nachfolgenden Diskussion freien Lauf lassen können. Aber: Ich atmete tief durch. „Toll. Lass uns morgen darüber sprechen."

Warum habe ich so reagiert? Das „Toll" war natürlich nicht ernst gemeint. Die Diskussion wurde selbstverständlich am nächsten Tag geführt: „Wie konnte das passieren? Wie vermeiden wir das in Zukunft?" – Der Unterschied ist: Mein Energielevel am Ende des Arbeitstages war nicht mehr darauf ausgelegt, eine sinnvolle, lösungsorientierte Diskussion zu führen. Klar hätte ich meine negative Energie an dem Mitarbeiter auslassen können. Ihn anbrüllen, niedermachen – aber wem wäre damit geholfen? Sicher hätte ich mir seine Erklärung für den Unfall nicht so offen und achtsam angehört wie am nächsten Morgen.

Deshalb möchte ich dir mit auf deinen Weg geben: Achte auf dein Energielevel! Und frage dich in anstrengenden Situationen: Muss ich mich noch heute um dieses Problem kümmern oder gehe ich das Thema lieber mit vollen Reserven, ausgeschlafen und positiv gestimmt an, um zu einer konstruktiven Lösung zu kommen?

Um mit den Menschen um dich herum gut und achtsam umgehen zu können, musst du als allererstes gut mit dir selbst umgehen.

Klar könntest du auf eine vorwurfsvolle Mail der Konzernleitung noch einen draufsetzen und eine aggressive Antwort in die Tasten hämmern. Deine Gefühle direkt in Handlungen umsetzen. ‚Konsequenzen? – Mir doch egal. Alle doof. Nach mir die Sintflut!´ – Mach das ruhig. Aber anstatt sie an den Empfänger zu senden, deponiere deinen Frust, schicke die Mail lieber an deinen Coach oder besten Freund und schlaf eine Nacht darüber. Lass dich nicht von deinen Emotionen überfluten. Sondern gehe auf Distanz. Die gepfefferten Mails, die ich gestern geschrieben hatte, taten mir im Moment gut. Ich habe sie nicht verschickt, sondern eine Nacht darüber geschlafen und sie meist am nächsten Tag gelöscht. Dann war der Weg frei für eine konstruktive Lösungsfindung.

Lass dich nicht von deinen Emotionen überfluten.

Eine ganz andere Haltung nimmst du ein, wenn du dich in solchen Situationen stattdessen fragst: „Was braucht mein Gegenüber gerade?“ Ich musste auch erst lernen, in Gesprächen nicht von mir und meinen Wünschen auszugehen und die auf meinen Gesprächspartner zu übertragen, sondern wirklich mein Gegenüber mit seinen Bedürfnissen zu sehen.

Als meine Tochter in der Pubertät war, kamen wir – wie wahrscheinlich alle Eltern mit Teenies – nicht darum herum, einige Diskussionen zu führen. Manchmal war der Ausgang dieser Gespräche nicht besonders schön. Ich hatte das Gefühl, dass es für niemanden von uns befriedigend gelaufen war. Als ich meine Gedanken meiner Partnerin schilderte, sagte sie zu mir: „Hör’ deiner Tochter doch einfach mal zu!

Behalte deine Meinung für dich, gib keine ungefragten Ratschläge und bewerte nicht alles. Hör' ihr einfach nur zu."

Aktiv zuhören, offen sein, nachfragen stellen, mich ganz auf meinen Gesprächspartner konzentrieren – so können unglaublich tolle Konversationen entstehen. Das geht natürlich nicht, wenn ich nebenbei noch eine WhatsApp schreibe.

„Hör' ihr einfach nur zu!"

Mitfühlend

Was braucht mein Gegenüber? Diese Frage öffnet so viele Türen! Und räumt so viele Missverständnisse ab! Du kennst sie bestimmt, die klassischen Gespräche zwischen Männern und Frauen. Sie erzählt ganz viel, berichtet jedes Detail und er präsentiert direkt eine Lösung. Fall gelöst, weiter geht's. So denkt zumindest der Mann. Aber für die Frau ist damit noch gar nichts erledigt. Also redet sie weiter, denn sie braucht in dem Moment keine Lösung, sondern möchte einfach nur ihr Herz ausschütten – und ist genervt, weil ihr Mann nicht mehr richtig zuhört.

Was mir aber ganz wichtig ist, und deshalb möchte ich es hier betonen: Sich in die Situation einfühlen ist für mich nicht das gleiche, wie Mitleid zu empfinden. Besser helfen kannst du deinem Gesprächspartner, wenn du die Adlerperspektive einnimmst, also mitfühlst, aber nicht mitleidest. So lässt du dich nicht in das Drama des anderen hineinziehen und kannst aus deiner Beobachterposition viel besser unterstützen. Ich mach' dir mal ein Beispiel:

Stell' dir vor, deine Arbeitskollegin hat Differenzen mit eurem Chef. Davon berichtetet sie dir ganz aufgebracht, sobald du morgens ins Büro kommst. Wenn du voller Mitleid „Ach du Ärmste!" rufst und in ihre Gefühlswelt einsteigst, bist du direkt Teil des Ganzen.

Du bist jetzt auch mittendrin im Drama. Anders löst du die Situation, indem du erstmal nur zuhörst und dann fragst: „Darf ich dir meine Meinung dazu sagen?“

Oder: Als Chef ein achtsames Mitarbeitergespräch zu führen, heisst: dem Mitarbeiter wirklich zuzuhören. Und nicht: Der Mitarbeiter erzählt eine Minute lang, was er problematisch findet, woraufhin du ihn fünf Minuten belehrst. Anschliessend kannst du fragen: „Was bräuchten Sie jetzt, um die Situation zu ändern?“. Nicht ins Drama einsteigen. Rat oder Meinung anbieten. Adlerperspektive.

„Was brauchst du?“

Gspürig

Diese Art von Einfühlungsvermögen, also sich bewusst zu machen, was gerade beim anderen abgeht, was er braucht, nennen wir in der Schweiz „gspürig sein“. Nun kannst du aber nur „gspürig sein“, wenn du selbst im Lot stehst. Du kannst nur andere unterstützen, wenn du selbst genug Energie hast. Deshalb möchte ich dir unbedingt mit auf deinen Weg geben, auf dein Energielevel zu achten. Und zwar nicht nur in besonders stressigen Momenten, sondern ganz generell. Du kannst nur herausfinden, was du mit dem Rest deines Lebens anfangen willst, wenn du auch achtsam mit dir selbst bist. Wenn du dein Auge nicht nur auf dein Umfeld, sondern auch auf dich selbst richtest.

Ich bin überzeugt: Selbst Mutter Theresa wäre irgendwann ausgebrannt, wenn sie zu wenig auf sich selbst geachtet hätte. Wenn sie die Verbindung zu ihrem Inneren, ihren Gedanken und Gefühlen verloren hätte.

Und ausgebrannt sein – das passt sicher nicht zu deinen Plänen, die du für dein restlichen Leben schmiedest.

Für dein Vorhaben brauchst du Energie, und die ziehst du aus der Achtsamkeit dir und anderen gegenüber. Und indem du dich vor ein paar Energieräubern schützt …

KAPITEL 9:

Spieglein, Spieglein

„Was genau soll das heissen, der Umgang mit mir ist schwierig? Wo ist das Problem? Wann habe ich was gesagt, womit ich anderen Leuten auf die Füsse getreten bin? Das muss ich jetzt von Ihnen wissen!"

Mein Mitarbeiter sass mir gegenüber, die Arme verschränkt, tief zurück in den Stuhl gelehnt. Er strahlte Trotz aus und das Gefühl, dass er sich selbst nicht das Geringste vorzuwerfen hatte. „Das wird nicht einfach", dachte ich mir. „Schauen Sie", erwiderte ich. „Sie werfen mir den Ball direkt wieder zurück. Ich kann normalerweise nach etwa drei Monaten einschätzen, wann jemand ins Team eingestiegen ist und wann nicht. Und bei Ihnen nehme ich wahr, dass die anderen grosse Schwierigkeiten haben, mit Ihnen zusammenzuarbeiten."

„Das stimmt nicht. Alle sind zufrieden mit mir!", antwortete er. Ich runzelte die Stirn. Ich hatte nicht das Gefühl, dass ich auf diese Art weiterkomme. Deswegen beendete ich das Gespräch mit den Worten: „Achten Sie doch mal genau auf die Feinheiten, wenn Sie mit den Kollegen kommunizieren. Spüren Sie genau hin. Und dann melden Sie sich bei mir und sagen mir, was Sie wahrgenommen haben." Als ich ihn mit dieser Botschaft alleine liess, war ich noch nicht sicher, ob sie bei ihm angekommen war. Doch er rief mich am nächsten Tag an und war unerwartet kleinlaut: „Sie hatten Recht. Ich habe das überhaupt nicht bemerkt."

„Sie haben Recht, ich habe das überhaupt nicht bemerkt."

Nach diesem Telefonat war mein Mitarbeiter erst einmal wie vom Erdboden verschluckt. Denn er kam am nächsten Tag nicht mehr zur Arbeit. Den Tag danach ebenfalls nicht. Nach drei Monaten tauchte er plötzlich in der Firma auf, aber nur, um seine Arbeitskleidung zurückzubringen. Das alles hatte ihn völlig aus der Bahn geworfen. Anscheinend war ihm vor unserem Gespräch nicht einmal der Gedanke gekommen, dass die anderen ihn nicht mögen könnten.

Ein grosses Fragezeichen

Ich habe zum Glück nur selten solche Situationen erlebt, in denen sich die eigene Wahrnehmung so extrem von der Wahrnehmung anderer unterscheidet. Damit mir das nicht passiert, nutze ich das Mittel der Reflexion. Ich hinterfrage ganz bewusst mein Verhalten und die Reaktion meines Umfeldes auf mich. Weil das ein ganz wesentlicher Aspekt meines Lebensweges ist, widme ich dieses Kapitel der Selbstwahrnehmung. Das Bild, das ich dazu gewählt habe, ist ein Männchen mit einem grossen Fragezeichen. Das steht für das Hinterfragen, das Reflektieren.

Hilfreich für diese Reflexion finde ich einen Spiegel. Damit meine ich einen Menschen, der dir ganz gezielt Feedback gibt. Und zwar nicht in Bezug auf eine konkrete Handlung, sondern zu dir als ganzen Menschen. Ich bin überzeugt davon, dass so ein Sparringspartner super hilfreich ist, um sich weiterzuentwickeln. Seit vielen Jahren arbeite ich deshalb gezielt immer mal wieder mit Coaches zusammen. Trudi, so hiess mein erster Coach, war eine richtig coole Socke. In jeder Sitzung verpasste sie mir – bildlich gesprochen – einen kräftigen Tritt, der mich dazu brachte, riesige Fortschritte zu machen. „Wenn meine Tritte nicht mehr zur Bewegung führen, dann tut es nur noch weh," sagte sie immer. „Dann ist es Zeit, unsere Zusammenarbeit zu beenden."

Ein Mensch, der dir ganz gezielt Feedback gibt.

Ich glaube ja, jeder Leader braucht so einen Spiegel wie Trudi. Um voranzukommen. Um Fehler zu erkennen und aus ihnen zu lernen. Denn: Fehler bieten uns eine unglaublich grosse Chance. Wir müssen sie nur als Fehler erkennen und daraus die Schlüsse ziehen, die verhindern, dass wir den gleichen Fehler erneut machen. Erst neulich durfte ich wieder etwas dazulernen …

„Hey, Sie! An der Kreuzung da vorne haben Sie mir einfach die Vorfahrt genommen. Ich kam von rechts!", der Motorradfahrer wirkte sehr bestimmt, aber trotzdem ruhig.

Er war mir extra bis zur nächsten Ampel gefolgt, um mir mein Fehlverhalten mitzuteilen. „Oh", sagte ich. „Das tut mir leid! Ich habe Sie überhaupt nicht wahrgenommen. Vielen Dank, dass sie so gut für uns beide aufgepasst haben, nochmal wird mir das nicht passieren."

Danke, lieber Motorradfahrer für diesen Spiegel. Ich war mir gar nicht bewusst gewesen, dass ich in diesem Moment so unaufmerksam war. So eine Aussensicht ist total wertvoll, wenn du das Feedback annimmst und offen für die Meinung von anderen bist.

Typische Muster

Solche Rückmeldungen stärken deine Selbstwahrnehmung. Du siehst danach klarer, wie du dich verhältst, wie du auf andere wirkst, was deine typischen Muster sind. Du lernst dich selbst besser kennen. Und das führt wiederum dazu, dass du unliebsame Verhaltensweisen ändern kannst. Dass du Situationen erstmal auf dich wirken lassen kannst, bevor du in die Handlung gehst. Dass du klarer siehst, was Fakt und was deine Interpretation oder deine Wertung ist.

Stell dir zum Beispiel vor, eine Frau merkt, dass ihr Freund WhatsApp-Nachrichten mit einer anderen Frau schreibt. Sofort springt ihr Kopfkino an. Sie gerät in Rage, wird richtig wütend. ‚Der betrügt mich doch!', schiesst ihr sofort in den Kopf. Doch am Ende stellt sich heraus, dass ihre Aufregung ganz umsonst war: Ihr Freund hatte lediglich eine Überraschung zu ihrem Geburtstag geplant.

Sofort springt das Kopfkino an.

Eine gute Selbstwahrnehmung hilft dir dabei, zu unterscheiden, was dich triggert und welches Verhalten welche Reaktionen bei dir auslöst.

Mit einer geschulten Selbstwahrnehmung lernst du aber auch, zu spüren, was dir nicht guttut. Denn deine Zeit, der Rest deines Lebens, ist viel zu kurz, um ihn mit Menschen zu verbringen, die dich bremsen. Lass es mich ganz deutlich sagen ...

Mitstreiter statt Müllschlucker

Lass dir nicht von anderen in dein Energiefeld kacken! Was meine ich damit? Du kennst sie sicher, diese Energieräuber. Die Menschen, die ihre Probleme bei dir abladen, sich bei dir auskotzen und dich im Müllberg zurücklassen. Sie fühlen sich besser, nachdem sie dir ihre Lebensgeschichte erzählt haben. Aber du selbst fühlst dich nur beschissen. Das Perfide ist: Oft merkst du das erst hinterher. Wie bei einem süssen, lieben Hund, der dir um die Beine tänzelt, mit dem Schwänzchen wedelt und wenn er geht, tappst du nichts ahnend in den stinkenden Haufen direkt vor dir.

Aber wie gelingt es dir, dich von solchen Leuten fernzuhalten? Wie gelingt es, dein Energiefeld sauber und rein zu halten? Wenn du selbst gerade nicht auf dem Energielevel bist, den Dreck deines Umfelds anzunehmen, dich mit fremden Problemen auseinanderzusetzen, dann hast du zwei Optionen: Entweder bittest du den Verursacher nett, seinen Haufen wieder mitzunehmen ... oder du schmeisst ihn ihm hinterher. Niemand, wirklich niemand, hat das Recht, seinen Müll bei dir abzuladen!

Lass dir nicht von anderen in dein Energiefeld kacken!

Selbst dann nicht, wenn du bei der Müllabfuhr arbeitest. Übrigens an dieser Stelle: Auch du hast nicht das Recht, andere wie Müllabtreter zu behandeln. Diese Wertschätzung fängt für mich schon bei der Wortwahl an. Ich kenne Firmen, in denen nur noch von „Full-Time-Employers", also von „Vollzeitangestellten", gesprochen wird. Menschen werden als blosse Zahl gesehen und teils auch so behandelt.

Diesen technischen Begriff auf Menschen, Team*mit*glieder, *Mit*arbeiter, anzuwenden, finde ich verstörend. Schliesslich wollen wir doch *Mit*einander etwas erreichen. Dabei ist jeder wichtig und wertvoll: von der Putzfrau bis zum CEO. Und das solltest du auch jeden in deinem Umfeld spüren lassen.

Kennenlernen

Doch um diese Wertschätzung auch zum Ausdruck zu bringen, um angemessen zu reagieren und nicht jede stressige Situation zur ausgewachsenen Krise zu machen, ist es wichtig, deine Selbstwahrnehmung zu schulen. Ich kenne so viele Menschen, die sich immer nur Sorgen machen. Die nur negativ aufs Leben schauen und sich vor lauter Jammern und Zetern selbst nicht richtig spüren. Das sind die Leute, die ihren Müll bei dir abladen und dich mit runterziehen – wenn du sie lässt.

Wenn du dich jedoch selbst kennst, dir regelmässig den Spiegel vorhältst und dich hinterfragst, dann weisst du Bescheid über deine Stärken und deine Energiespender. Und kannst so gut mit deinen Ressourcen haushalten. Mit einem Sparringspartner lernst du dich besser kennen, setzt dich mit dir selbst auseinander. Nimmst dich selbst besser wahr. Das hat mir sehr geholfen.

Eine gute Selbstwahrnehmung lässt dich besser mit deinen Ressourcen haushalten.

Auf diese Weise gehst du ganz anders an Entscheidungen heran. Dann lässt du vermeintliche Stolperfallen auf deinem individuellen Weg einfach links liegen. Du nutzt deine Bilder, die dieses Buch hoffentlich bei dir entstehen liess, als Brücke. Du spürst in dich hinein und lässt dich nicht nur von deinem Verstand leiten, sondern nutzt vielmehr das Zusammenspiel aus Magen, Herz und Hirn …

KAPITEL 10:

Da bin ich dabei!

Wir Menschen können zum Mond fliegen und dennoch ist eine Strecke, die nur 30 Zentimeter lang ist, für uns oft unüberbrückbar. Was ich damit meine: Die Entfernung zwischen Herz und Hirn.

Jede Situation, jeder Impuls, der von aussen auf dich trifft, landet zunächst in deinem Hirn. Der Verstand verarbeitet den Eindruck und daraufhin rutscht er hinunter ins Herz. Dort entscheidet dein Gefühl, wie du mit dem Impuls umgehst. Hakt dieses Zusammenspiel zwischen Hirn und Herz bei dir, bist du nicht in der Lage, die besten Entscheidungen für dich und deine Zukunft zu treffen.

So nah und doch so fern.

Jugendliche und Heranwachsende treffen Entscheidungen meist mehr mit dem Herzen als mit dem Verstand. Etwas muss sich „richtig" nach ihren Massstäben anfühlen und dann wird entsprechend gehandelt. Erwachsene, die über dieses Stadium hinausgewachsen sind, driften meistens ins Gegenteil ab. Sie versuchen, alle Entscheidungen rational mit dem Verstand zu fällen. Durchdacht. Unter Abschätzen der möglichen Konsequenzen. Und erst wenn Menschen auch dieses Stadium überwunden haben, reif geworden sind, dann merken sie, dass auch ihr Verstand nicht unbedingt die besten Entscheidungen fällt, sondern dass ein Zusammenspiel zwischen Herz und Hirn notwendig ist.

Das Leben ist ein Fluss

Deine Wahrnehmung verändert sich. Du veränderst und entwickelst dich permanent. Du fühlst dich mal mehr und mal weniger erfüllt. Die Kunst ist, zu erkennen, was gerade für dich notwendig ist. Wo der Schuh drückt. Das gilt nicht nur für die persönliche Entwicklung, sondern für alle Bereiche. Auch wenn dein Unternehmen transformiert werden muss, beginnt diese Transformation zu allererst bei dir selbst.

Wenn du dich nicht darauf freust, etwas zu bewegen, wirst du laufend Rückschläge erleben. Dann bist du vielleicht mit dem Verstand bei der Sache, aber nicht mit dem Herzen.

Der Verstand ist dein grösster Freund, aber gleichzeitig dein grösster Feind.

Du kannst kein Glücksgefühl erreichen, wenn du nur mit deinem Hirn arbeitest. Dafür ist dein Hirn auch gar nicht da. Vielen Leuten fehlt der Drive, die Leidenschaft, die Motivation. Sie verstehen nicht, wieso sie trotz finanziellem Erfolg und Status nicht glücklich sind. Die Antwort ist: Weil das Herz nicht mit von der Partie ist.

Gefühl = Schwäche?

Schublade auf: Wer in einer Bank arbeitet, hat einen Anzug zu tragen und eine angemessene Kurzhaarfrisur auf dem Kopf. Schublade zu. Aber was ist, wenn der Banker eigentlich lieber Rockmusiker wäre? Wieso darf er nicht in seiner Freizeit Schlagzeuger einer Rockband sein und mit langen Haaren in der Bank arbeiten? – Wer sich zu sehr an den Erwartungen im Aussen orientiert, seine Entscheidungen auf dieser Grundlage trifft, wird seine Erfüllung nicht finden.

Allzu oft sehen Herzensentscheidungen von aussen völlig sinnlos aus. Wie bei Eddie the Eagle. Es war ihm eine Herzensangelegenheit bei der Olympiade als Skispringer anzutreten und die fehlende Medaille hätte ihm nicht egaler sein können. Das muss ein Aussenstehender, der mit dem logischen Verstand urteilt, nicht verstehen. Doch Eddie ist das beste Beispiel: Erst wenn du Herz und Hirn verbindest, schöpfst du aus deinem vollen Potenzial.

Herz und Hirn müssen im Takt schlagen.

Vor einiger Zeit habe ich einen ehemaligen Schulkameraden getroffen. Er erzählte mir, dass er eine Firma gehabt hatte, die Gipsmodelle für Wohnhäuser herstellt. Er war erfolgreich, aber unglücklich. Also hatte er seine Firma verkauft und einen Busführerschein gemacht. Er wollte mit 57 Jahren noch Busfahrer werden und hatte gemerkt, dass das sein Traum war. Er verdient nun weniger als zuvor, ist aber endlich glücklich. Er hat seine Entscheidung mit Herz und Verstand getroffen.

Leben in Leidenschaft

Oder mein Bekannter: Er hatte sich vor ein paar Jahren gemeinsam mit seiner Frau ein altes Steinhaus im Tessin gekauft. Die Wasser- und Stromversorgung waren schwierig und auch vom Bau her war das Haus nicht gerade auf Top-Niveau. Also fragte ich ihn: „Warum habt ihr euch das gekauft?" Seine Antwort: Weil es ihm und seiner Frau gefalle. Es sei schon lange ihr Traum gewesen, abgeschieden und einfach zu leben. Ich war etwas verwundert, aber na gut. Meine Intuition sagte mir: ‚Da stimmt was nicht!' Inzwischen sehe ich in seinem WhatsApp-Status tolle Bilder – von den schönsten Orten der Welt. Seine Frau und er sind inzwischen getrennt. „Weisst du, ich hab herausgefunden, dass das Haus eigentlich immer nur meine Frau haben wollte. Nicht ich. Ich wollte schon immer um die Welt reisen!" Genau das tut er jetzt. Und ich freue mich, dass ich durch die Bilder an seinem Weltenbummler-Dasein teilhaben darf und dass er glücklich geworden ist.

Läuft, wenn´s wehtut

Aber so herrlich romantisch das auch alles klingt, herauszufinden, was du wirklich vom Leben willst, deine 30 Zentimeter zu gehen, so grosse Lebensentscheidungen zu fällen, funktioniert nicht wie im Märchen.

Damit du in die Veränderung und Umsetzung kommst, darf ruhig Ranzäpfiifä, Magengrummeln, entstehen. Denn ich weiss nicht, wie deine Erfahrung ist, aber damit wir in die Handlung gehen, braucht es eine ordentliche Portion Ärger. Dieses Grummeln im Bauch, dieses Unwohlsein hilft dir, deine Themen anzugehen.

Eine alte Kanalreiniger-Weisheit aus meinen über 30 Jahren Erfahrung in dieser Branche: Verstopfung ist viel schlimmer als Durchfall ;). In beiden Fällen geht es dir hundeschlecht, aber eine Verstopfung betrifft auch sämtliche anderen Funktionen des Körpers. Beim Durchfall kann der Organismus immerhin danach weitermachen.

Vor jeder Veränderung steht Ranzäpfiifä.

In der Verdauung, dem Verarbeiten von Themen, ist der gesamte Körper involviert. Und manchmal kann es sehr lange dauern, bis der Prozess der Ausscheidung abgeschlossen ist. Manchmal braucht es Umwege. Also scheide aus, was dir nicht guttut. Weg mit dem Zeugs.

Auf ins Bonusprogramm

Du musst auf dich schauen: Was erfüllt dein Herz und deinen Verstand? Wie sehen deine 30 Zentimeter aus?

Ein Freund von mir leitete lange Zeit sein Familienunternehmen. Von aussen betrachtet habe ich immer geglaubt, er geht voll in dieser Aufgabe auf. Doch dann verkaufte er die Firma, arbeitete dort aber noch zwei weitere Jahre als Software-Entwickler. Als ich ihn fragte, wie es ihm gefalle, antwortete er: „Das waren die geilsten zwei Jahre meines Lebens!“ Diese unerwartete Aussage machte mir einmal mehr deutlich: Der Chef-Posten ist nicht zwangsläufig der Weg zum Glück.

Endlich. All diese Beispiele, all diese Leute, die sich ihren Traum erfüllt haben, haben dies nicht mit Anfang 20 getan. Es sind Menschen, die nun, in der Blüte ihres Lebens, endlich wissen, was sie wirklich vom Leben wollen. Es sind die, die nun reif genug sind. Endlich alt genug. Weil sie das Aussen loslassen und sich nun dem Innen zuwenden.

Entscheidung braucht Reife.

Ich bin nicht vom Mann zur Frau, von Werner zu Petra gewechselt. Ich habe meine Perspektive von aussen nach innen gerichtet: Was will ich wirklich? Anstatt: Was will die Gesellschaft von mir? Daraus ist diese Version von mir entstanden, ich lebe in meiner eigenen Energie, ich lebe in einer hybriden Form – mit weiblichen und männlichen Elementen. Deine Aufgabe ist es, in deine ganz eigene Energie zu kommen. Deine Verbindung zwischen Herz und Hirn zu finden – und aus ihr heraus deine Entscheidungen zu fällen. Mach dein Ding, so wie ich mein Petra-Ding gemacht habe!

EPILOG:

„Oh ja, schon wieder!“

Ich fahre. Mit offenem Cabriodach durch die Welt – über weite Autobahnen, auf kurvigen Passstrassen und in andere Länder. Meine Haare wehen im Fahrtwind und meine Brust fühlt sich leicht an. Meine Gedanken sind frei. Ich brauche keinen „Ort der Ruhe" mehr, keinen Denkort. Weil ich in mir ruhe.

Mein Leben ist heute ein bewegtes, ich bin ständig on tour, ständig unterwegs – aber der Unterschied ist: Ich nehme mein „wahres" Ich mit auf Reise, ich bin immer mit dabei. Alle Entscheidungen, die ich treffe, treffe ich mit Herz und Hirn. Und deswegen werden sie gut.

Es hat gedauert, bis ich das für mich erkannt habe: Aber seit ich diese Erkenntnis verinnerlicht habe, ist sie zu meiner Stärke meines Lebens geworden: Mein Leben zu leben, unabhängig vom Aussen. Sondern aus mir heraus. Im Fluss des Lebens.

Ich bin endlich alt genug, um zu begreifen: Das ist es, was ich wirklich vom Leben will! Es ist nicht die eine erfüllende Aufgabe. Es ist nicht nur caritativ tätig zu sein. Mich politisch zu engagieren. Eine glückliche Familie zu haben. Ein Unternehmen erfolgreich zu führen. Es ist diese grundsätzliche Zufriedenheit im Leben.

Das Leben verändert sich ständig. Deswegen darf sich auch deine Sichtweise ständig anpassen. Aber mit der richtigen Grundeinstellung, mit starken Leitsätzen wie deinen Bildern, reisst dich die Strömung im Fluss des Lebens nicht so schnell um.

Was ist für dich Erfüllung? Erfüllung ist für jeden etwas anderes.
Und Erfüllung ist so viel.

> Für mich ist es, meinen Kater zu kraulen und zu sehen, wie er es geniesst.
>
> Für mich ist es, zu erleben, wie sich meine Tochter entwickelt.
>
> Für mich ist es, Unternehmen bei ihrer Transformation zu begleiten.

Für mich ist es, in meinem Sportwagen gen Sonne zu fahren. Mit offenem Verdeck und freiem Herzen.

Ich brauche nicht mehr die Sicherheit des Stausees, den Schutz der herabhängenden Zweige meines geliebten Laubbaums. Ich übernehme das Steuerrad in meinem Leben. Mit dem vollen Bewusstsein, dass ich auch dafür einen Preis bezahlen darf. Menschen, die völlig frei sind in ihrem Tun, ecken sicherlich auch mal im Aussen an. Weil sie anders aussehen. Weil sie sich anders verhalten. Weil sie anders handeln. Anders als der Mainstream. Aber ich zahle diesen Preis gerne.

Weil ich genau das vom Leben will: Glück, Freiheit und Leichtigkeit.

Ich sammle neues Wissen, ich säe Gutes und kreiere schöne Momente für meine Lieben. Ich nehme beherzt und mutig die Ausfahrt im Kreisverkehr, bleibe in Bewegung. Weil ich weiss, dass mein Leben endlich ist. Deswegen lebe ich im Jetzt. Ich lasse mir nicht von anderen in mein Energiefeld kacken. Sondern spüre in mich hinein, reflektiere mein Handeln. Ich bin klar in meinen Werten und meiner Grundeinstellung.

Und ich hoffe, dass ich dir mit meinen Bildern Impulse geben konnte, dass du aus den Bildern deine eigenen Eselsbrücken bauen konntest. Die dich immer wieder darauf besinnen: was du vom Leben eigentlich willst.

Was ich mir wünsche für die Zukunft? Dass wir uns alle wieder mehr auf uns selbst besinnen. Das bedeutet, sich selbst wahrzunehmen und zu spüren. Denn das ist, was sich nie verändern wird, egal, wie schnell sich unser alltägliches Leben, unsere technischen Möglichkeiten und Berufsfelder, unsere Unternehmen weiterentwickeln: der Faktor Mensch. Es sind die Momente mit anderen Menschen, an die wir uns zurückerinnern. Kleine Gesten, kleine Taten, wenige Worte. Es sind die Menschen, die uns im Herzen berühren.

Ich jedenfalls freue mich auf alles, was noch kommt, in meinem Bonusprogramm des Lebens:

> Dass meine Tochter mitten ins Leben startet. Dass ich selbst noch möglichst viel von der Welt sehe. Noch die eine oder andere schräge, verrückte Nummer durchziehe – zwar *alt genug*, aber nie *zu alt* bin.
>
> Ich freue mich auf all die Begegnungen mit interessanten neuen und bekannten Menschen. Mich selbst Tag für Tag weiterzuentwickeln – nicht zuletzt mit der Unterstützung meiner Bilder.
>
> Ich freue mich, wenn ich noch mehr Menschen inspirieren und in ihrem persönlichen Wachstum beflügeln darf. Wenn ich sie auf ihrem Weg und bei ihrer Entwicklung begleiten darf.

Auf was freust du dich – in der Zukunft? In deinem Bonusprogramm?

MÈRSSI

GRAZIE

BEDANKT

MERCI

TAKK

THANK YOU

GRACIAS

OBRIGADO

DANKSAGUNG:

Endlich alt genug! Ja für was denn …?

Für die Erkenntnis, wie ich mein Leben leichter und einfacher gestalten kann. Wie ich in der Spur bleibe – auch in stürmischen Zeiten im Aussen. Wie ich mir treu bleibe und eine grosse, emotionale Stärke an den Tag lege.

Damit ich jetzt an diesem Punkt im Leben stehen darf, möchte ich allen lieben Menschen danken, die mich begleitet, getragen, gefördert, liebevoll korrigiert haben – und die einfach für mich da gewesen sind:

Lange habe ich es nicht verstanden, aber persönliches Wachstum findet in ganz kleinen Schritten statt. Besonders viel Denkfutter haben mir Nicole Brandes und Kaivalya Kashyap geschenkt. Langsam wächst alles zusammen zu einem grossartigen Ganzen.

Meiner grossen Liebe Andrea gebührt mein voller Respekt. Sie hat dieses Jahr ihr Leben auf den Kopf gestellt. Als ich sie fragte: „Hey, was geht ab bei dir?“, sagte sie trocken: „Ich bin aus dem Kreisverkehr ausgefahren und auf die Autobahn des Lebens abgebogen.“ Es ist ein Geschenk des Lebens, dass sie mich begleitet.

Auch meiner Tochter Anja möchte ich danken. Sie erträgt das verrückte Huhn Petra mit stoischer Ruhe und Gelassenheit, aber sie guckt sich viel ab und das freut mich mega.

Unsere beiden grauen Kater sind zum Team zusammengewachsen und machen gemeinsam die Gegend unsicher… na ja und miauen im Chor, damit ich das Frühstück für sie bereit mache.

Danke an all meine Freunde, die mein Leben bunt machen. Die mir bedingungslos ihre Zeit schenken und auch in einer schwierigen Situation da sind und mir zur Seite stehen. Da möchte ich speziell Toni und meinem Bruder Jürg danken.

Danken möchte ich auch dem Gorus-Team, das mich bei der Konzeption und Produktion des Buchs unterstützt hat. Es ist eine Freude, mit euch ein so grossartiges Buchprojekt so professionell durchzuziehen.

UND ich DANKE DIR, dass du dir die Zeit genommen hast, mein Buch zu lesen und meine Bilder zu deinen zu machen: „Endlich alt genug … wie DU herausfindest, was du vom Rest deines Lebens willst.“

ÜBER DIE AUTORIN

Herz, Hirn und Bauch: Petra Möckli weiss, was es braucht, um schwierige Entscheidungen zu treffen und mutig neue Wege zu gehen – als Unternehmerin sowie im Privaten. Denn auch ihr eigener Lebensweg war geprägt von grossen Transformationen. Als Mentorin Menschen bei solchen Prozessen strategisch zu begleiten, das ist für Petra Möckli eine Herzensaufgabe.

Ein weiterer, wichtiger Bestandteil in ihrem Leben sind ihre Tochter und ihre Partnerin. Ihre Freizeit widmet Petra Möckli ihren beiden Katzen und schnellen Autos.

ICH KANN NUR GEWINNEN!

Warum es gut kommt, wenn du ganz du selbst bist

Die Unternehmerin Petra Möckli lebte für ihre Firma, ihre Familie und ihren Erfolg. Sie lebte dafür, anerkannt und geliebt zu werden. Und fühlte sich dabei unerfüllt. Jahrelang führte sie erfolgreich den Familienbetrieb, lebte mit ganzem Herzen für ihre Firma, nur glücklich war sie nicht. Weil da etwas in ihr schlummerte: eine tiefe Sehnsucht nach Freiheit.

Zu diesem Zeitpunkt ist Petra noch Werner. Der Sohn. Der Nachfolger. Ehemann und Lokalpolitiker.

Dieses Buch ist kein Transgender-Buch. Es ist ein Buch über Freiheit, Respekt und Anerkennung. Ein Buch über eine aussergewöhnliche Unternehmerin und ihren Lebensweg. Ein Buch, das Mut macht und inspiriert, sich selbst zu verwirklichen, denn:

„Je klarer du mit dir selbst bist, umso kleiner ist der Widerstand der anderen!“

Eine echte Geschichte über unternehmerischen Erfolg und dem persönlichen Mut, das eigene Leben selbst in die Hand zu nehmen und dem eigenen wahren Kern auf den Grund zu gehen.

www.pmoeckli.ch

AUCH ALS EBOOK UND HÖRBUCH